100 LATINOS
100 HISTORIAS

100 LATINOS
100 HISTORIAS

R.C. ONTIVEROS

Library of Congress Control Number: 2011900605
ISBN: Hardcover   978-1-4568-5200-9
               Softcover   978-1-4568-5199-6
               Ebook   978-1-4568-5201-6

This book was printed in the United States of America.

To order additional copies of this book, contact:
Xlibris Corporation
1-888-795-4274
www.Xlibris.com
Orders@Xlibris.com
93199

DEDICATORIA

A mi esposa, por su dedicación incondicional y verdadera a mí y a nuestros hijos.

COLABORADORES

Eneida Acevedo
Mari Aguilera
Alex Aguinaga
Naheed Ahmad
Megan Anderson
Angel Certeza
Sara Clark
Zach Clark
Andrew Chan
Marina Chávez
Kashev Dalmia
Isabel Díaz
Isaac Dupree
Nohemí Farfán
Valeria Garza
Nancy González
Juanita Howarter
Rachel Lesniak
Roberto Martínez
Karina Nava
Kelly Patchett
Chris Polanski
George Rapidis
Stephanie Raya
Regina Rubio
Nikil Satish
Dean Schmeltz
Sandy Valdez
Ayleen Vargas
María Vences
Andrea Vercelli

Contents

C. Introduction.

(This introduction will be presented in Spanish; here is the English version)

According a study from the US Department of Education published in July 5, 2006, the drop-out rate in the Chicago area high schools is 48 percent. What impedes so many students from finishing their 12-year commitment? Gangs, pregnancies, and parents splitting up are just some of the new societies' "monsters" to blame for the students failures. Here you will find one episode, a page dairy on a Hispanic student who overcame those obstacles and achieved a goal not gained by his/her parents or many of their friends or siblings: "One who walks the path must know there is not a set up path; you draw it along your walk". That's the message many of these young people give to those who don't know how they are going to fulfill their parents' and teachers' expectations. Here you will have 100 hundred experiences that can inspire you and give you strength to live yours, or to understand those who are living their own, high school years.

De acuerdo a estudios hechos por el Departamento de Educación de los Estados Unidos, publicada el 6 de julio del 2006, el índice de deserción escolar entre los latinos y otras clases minoritarias en las escuelas secundarias en el área de Chicago es del 48 por ciento. ¿Qué es lo que impide a tantos estudiantes terminar su compromiso de doce años? Pandillas, embarazos, y separación de los padres son sólo algunos de los "monstruos" a los que hay que culpar por los fracasos de los estudiantes. Aquí encontrarás un episodio, una página del diario de un estudiante hispano quien superó esos obstáculos y logró conseguir una meta no alcanzada por sus padres ni muchos de sus amigos o hermanos. "Caminante, no hay camino. Se hace camino al andar". Este es el mensaje

que muchos de los jóvenes de estas historias quieren dar a aquéllos que
no saben cómo van a cumplir las expectativas de sus padres y maestros.
En este texto conocerás 100 historias que te pueden inspirar y darte la
fuerza para sobreponerte a tus propias experiencias, o para entender a
aquéllos que están todavía pasando por sus años de secundaria.

1. JASMÍN

Fue una semana estresante en la escuela. En mi clase libre, decidí ir a la oficina de mi consejero. Al entrar a su oficina, me sentí un poco incómoda. El cuarto era pequeño como una sala de hospital. Eso me recordó mi trabajo. Tendría que ir ese día después de hacer mi proyecto de matemáticas.

"Ojalá que mis padres me den este sábado libre para que pueda hacer mi tarea. Últimamente el negocio ha estado un poco vacío. A lo mejor es la recesión que está afectando a la gente." En eso entró mi consejero y se sentó en su silla favorita. Le empecé a contar sobre mi futuro y mis planes. Me miró sin prestar mucha atención, como lo hacía mi hermanita cuando me ignoraba. Paré de hablar y en ese momento su mente regresó hacia mí. Clavó sus ojos en mí fijamente por unos segundos y vi un poco de tristeza en su mirada.—Jasmín, no creo que debas poner tus metas tan altas.

¡Eso me soprendió mucho! Yo pensaba que los consejeros estaban ahí para motivar a uno, no para decirle que no puede llegar a alcanzar sus sueños. Por un instante pensé que a lo mejor mis padres me decían que yo podía hacerlo todo sólo por ser su hija, y no me querían herir. Ese pensamiento salió de mi cabeza inmediatamente y me sentí mal por siquiera haber considerado aquella tontería. Volví a la claridad y me di cuenta que aunque los maestros decían que todos éramos iguales, yo como latina era considerada como una minoría. Decidí ignorar el comentario del "señor" que tenía enfrente. No solamente . . . porque no tenía dinero . . . para ir a una buena escuela significaba que no podría sacar becas. Sabía bien que los estudios era la manera más fácil de lograr los sueños; el dinero se podría acabar, pero lo ganado en educación no. Aunque trabajara todos los días como lo hacía hasta en ese tiempo, no iba a hacer lo mejor que pudiera si no comenzaba a tomar la escuela más en serio. Le daba más prioridad a mi trabajo que a las tareas o proyectos. Las lecciones se hacían pesadas por no haber dormido bien. "No importa, el cheque que venga estará bien gordo', pensaba. Prefería una cartera llena que una A o B. "Con que pase, está bien"

Llegó entonces esa etapa de mi vida en que me fui involucrando más en mi comunidad. Empecé a ir a un programa que preparaba a los estudiantes para ir al colegio. Motivé a otros estudiantes compartiendo lo aprendido. Traté de ayudar y contestar cualquier pregunta que tuvieran los demás. Reduje el número de horas en el trabajo para ponerlas en donde debería, en mi escuela. Por fin "me cayó el veinte" que si el día tiene veinticuatro horas, y no hacemos todo lo que tenemos que hacer, eso no se arregla con días de 25 ó 26 horas, sino sabiendo administrar tu tiempo y tus prioridades.

Así me fui superando tanto por dentro como por fuera. Tengo el apoyo y cariño de mis padres, y un círculo de buenas amistades en las que puedo confiar plenamente. ¿Cuál es una gran diferencia entre las buenas y las malas amistades? A las malas amistades les importa más tu dinero que tu educación. Así que para ellas si trabajas, si traes dinero en la bolsa para ir a gastar con ellas, pues mejor. Y en cuanto a mis padres, a pesar de que el dinero no sobraba en casa, nunca me sugirieron que mejor trabajara para ayudarlos, sino que me concentrara más en lo que vale, en mis sueños.

Si Dios lo permite, este verano tomaré clases en el colegio. Fui aceptada en una universidad en el sur de Illinois. Aunque estoy indecisa en mi carrera, me gustaría estudiar algo que tenga que ver con comunicación, ciencias políticas, y estudios sobre la cultura hispana. Creo que hacen falta estos tipos de personas en nuestra comunidad, y no solamente los que trabajan en limpieza o en restaurantes de comida rápida.

2. Eneida

Nunca pensé que algo tan horrible pasaría tan pronto. Abrí la puerta de la casa ansiosamente. Le pregunté a mi mamá si podía ir a casa de mi mejor amiga, Jessenia. Ella no podía salir y tenía que ir para allá lo más pronto posible. Nadie me contestaba, y me puse tan necia como una adolescente de quince años suele hacerlo, cuando el mundo sólo importan tú y tus amigos. Todos en la casa estaban mudos mientras mi mamá hablaba por teléfono. Insistí un poco más. Entonces mi papá respondió:—"Eneida, cálmate, que parece que Lily está muerta." Me lo dijo tan cortamente, tan seco, que me quedé tiesa y caí hacia el sillón sorprendida. Ahí estuve como por lo menos diez minutos, inmovilizada. Salían incontables lágrimas contra mi voluntad. Después de unos momentos, mi madre nos dijo que sí era Liliana quien se había estrellado contra ese árbol en su automóvil. Me levanté y caminé hacia la puerta de enfrente. Me costó un poco de trabajo abrir la puerta y mi mamá me paró. Le dije que iba ir a caminar un poco por el vecindario. Mi papá se ofreció ir conmigo pero yo no quería compañía. Quería estar sola. ¡Era un día sumamente bellísimo! Estaba soleado en ese seis de abril, por cierto Viernes Santo. Pero yo no podía ver claramente. Mis ojos estaban ahogados en un océano de lágrimas. Un señor cortaba el pasto. Tenía una camisa roja y se veía relajado. Me pregunté cómo puede estar alguien tan feliz cuando otros están sufriendo tan intensamente. No sentía las piernas, aunque ellas solas estaban caminando mecánicamente en una dirección sin rumbo fijo. No recuerdo cómo o cuándo llegué a casa de Jessenia. Sólo sé que bajé por esas viejas escaleras y toqué la puerta. Contestó su mamá, y aunque parecía no muy dispuesta a dejar salir a mi amiga, al ver mi estado, la dejó acercarse a la puerta. En medio del llanto le pedí a Jessenia que me perdonara por haber venido. Ella ignoró mis disculpas y me dejó explicar lo que había pasado mientras me trataba de consolar. Me recargué contra la lavadora y me caí al suelo. Me sentía débil. Después de unos minutos, tocaron la bocina de un coche allá arriba. Era mi mamá. Cuando por fin salí me dijo que me subiera al auto porque nos íbamos a Houston, Texas. Empaqué mis cosas rápidamente mientas mi hermanita y hermano menor me miraban. No fue muy larga la despedida y fue más corto el tiempo que nos tomamos para llegar al aeropuerto. No entiendo cómo, pero mi madre durmió la mayor parte del vuelo. En cambio, yo no puedo dormir en los aviones. La emoción de viajar me lo impide, y en este caso, esa emoción era tan devastadora como para descansar tranquila. Un primo nos recogió en el aeropuerto. Es un hombre alto, trigueño y fuerte. Jamás lo había visto llorar, por lo que ahora se veía tan pequeño, y tan pálido. Llegando a la casa de mi tía, me imaginé cómo iba a estar ella, ¡había fallecido su hija! Todos estaban peor sino igual de destrozados que mi primo.

Esos días siguientes pasaron desapercibidamente. El funeral fue una pesadilla borrosa y regresar a la escuela fue incluso peor. "Veintiún años es muy temprano para morirse," seguía pensando en casi cada una de mis clases. Pero poco a poco, me fui dando cuenta que eventos tan horribles como este que acababa de pasar se van a quedar en tu mente de la forma en que tú quieras, y el tiempo que tú quieras. Pude haber pedido faltar más días a clases y quedarme a llorar desconsoladamente en mi cuarto sin ver la luz del día. Pude haber puesto mi luto como excusa para reprobar en la escuela preparatoria. Sin embargo, opté por vivir, tal y como me hubiera gustado que mi prima lo hiciera. ¿De qué sirve tener 18 ó 21 años si vas a estar todo el tiempo deprimida, aislada de la vida?

Fue difícil. Pero concentrarme en el trabajo de la escuela fue como una terapia, una ayuda para mi presente, y para mi futuro. Ahora quisiera ir al colegio comunitario de mi comunidad. Luego me cambiaré a la universidad, y si Dios quiere, iré a la UIC a completar mi certificado en nutrición.

3. KARINA

No estaba preparada para esto. Me moría del remordimiento. Quise correr lejos de todos. Así no le haría daño a nadie. "Esto no me estaba pasando a mí." Siempre pensaba que eso sólo les pasaba a otras muchachas en la escuela, ¡pero no a mí!

A pesar de todo, Miguel me apoyó mucho durante ese tiempo. Admitía que también era su culpa y por eso decidió ir conmigo a contarles a mis padres. Como quiera, yo no pensaba en nada más que abortar. Miguel bajó silenciosamente del coche, y me abrió la puerta. No lo hacía frecuentemente. Fue una pesadilla hablar con mis padres sobre mi "fracaso". Fue mi papá quien especialmente lo tomó muy mal. Yo era la niña de sus ojos. La que nunca lo iba a decepcionar. La que no iba a ser igual como mi hermana mayor que quedó embarazada a los dieciocho años. Claro, mi papá nunca me dejaría abortar. Primero muerto que cometer un crimen así, eso era imperdonable, y por lo mismo, impensable. Con mis tres semanas de embarazo les había hecho daño a todos los que más quería, pero mi padre no me permitió que se lo hiciera a nadie más, especialmente a alguien tan indefenso como decía él.

Seguí yendo a la escuela, pero mientras crecía el bebé, más me distraía de mis estudios. Me pateaba en clase, y no me podía concentrar. ¡Qué triste que la emoción de las primeras pataditas se tenga que disimular delante de los maestros y compañeros! Es un momento divino que se convertía en motivo de vergüenza. Tuve un embarazo muy doloroso y peligroso. Vomitaba mucho, y eso ponía a mi bebé en mucho riesgo. No pude ir a la escuela por un tiempo porque estaba en estado bastante crítico. Siempre estaba o en la cama, o en el baño vomitando. Por fin nació, y lloré de felicidad y por la estúpida idea que había tenido al principio para resolver mi "problema".

Después de tener a mi hermosa Isabel, comencé a ir a la escuela de nuevo.

Fue muy difícil bregar con la tarea y mi bebé al mismo tiempo. Ella se despertaba a cualquier hora de la noche para comer. Luego se veía tan tranquila por las mañanas. Mientras yo amanecía bien desvelada, sin color en mi cara ni fuerza en mis músculos para ir a la escuela.

Mi mamá me trataba de ayudar lo más que podía, pero ella también tenía que trabajar, y atender sus ya de por sí múltiples obligaciones como para agarrar más. Yo ya no pude salir y disfrutar de mi juventud como otras muchachas de mi edad. Al principio, mi padre no quería tener nada que ver con la niña, pero en cuanto la vio, se encariñó con ella. He escuchado que los nietos se quieren más que los hijos, pero sigo creyendo que hubiera sido mejor haber tenido a mi bebé en otras circunstancias, para mayor orgullo y amor de mis padres.

Me gradué de la preparatoria el año pasado y ahora estoy estudiando en el ECC para ser enfermera. Mi niña se encuentra en buena salud, y todo está volviendo a la normalidad, dentro de lo que cabe. Ojalá todo funcione para bien.

4. ESTUDIANTE INMIGRANTE

Emigrar a los Estados Unidos es un proceso difícil y largo. Es una experiencia como ninguna otra. Todo es diferente, la gente, el país, todo. Cuando mis padres decidieron mandarme con mi hermano al 'otro lado' sentí miedo. Nunca había visto este país en persona, solamente en fotos que mi hermano siempre estaba mandando. Mi hermano se movió a los Estados Unidos dos años atrás para encontrar y conseguir un trabajo para ganar más dinero y mandar una cantidad suficiente a nuestra familia en México. Mi mamá y papá querían que yo me moviera también pero para estudiar y mejorar mi educación.

Mis padres nunca tuvieron una oportunidad para obtener una buena educación y no querían lo mismo para mí. Ellos deseaban que yo recibiera buenas clasificaciones y lograr mis metas. Y ellos sabían que eso sería más difícil si lo tratara de hacer allá en México. Yo también me había convencido con esa conclusión.

Tenía doce años cuando me moví a este país. Fue una experiencia difícil para mí. Especialmente porque no tenía mis padres allí conmigo. Sentí que nunca volvería a verlos. La tristeza empezó a llenar todo dentro de mí. Pero cuando vi a mi hermano, yo sabía que todo estaría bien. Él me dio un abrazo y mis sentimientos cambiaron. Finalmente me sentí feliz y comencé a darme cuenta de cuánto lo había extrañado. Me dijo que yo empezaría la escuela inmediatamente.

La escuela fue muy difícil y me sentí intimidada. Solamente podía hablar un poquito de inglés, sin embargo, escribir y leer, para nada. Mi hermano trataba de ayudarme cuando tenía tiempo. Pero era raro porque pasó mucho de su tiempo trabajando para obtener dinero para nuestra familia. Él y mis padres me inspiraban a mejorar en la escuela y tratar de entender y aprender inglés y todo lo demás que era necesario. Él también como mis padres quería que yo recibiera buenas clasificaciones y conseguir un buen trabajo. Y por eso yo me quedaba después de la escuela para hacer preguntas a mis maestros y recibir ayuda.

También participé en un club que ayudaba los estudiantes que su primer lenguaje no era inglés. Cuando empezó la escuela secundaria ya estaba lista para los concursos y me sentí preparada. En todos los cuatro años recibí buenas clasificaciones. Siempre las mandaba por correo para enseñarles a mis padres cuánto yo había progresado. Mi familia se sintió tan orgullosa de mí y yo honestamente podía sentir lo mismo.

Me gradué de high school en el año 2009. Fue un día con una mezcla de emociones. Me sentí feliz porque había logrado una de las más importante metas. Pero también sentí tristeza porque mis padres no estaban allí para ver ese día lo que tanto deseaban. Por lo menos allí estaba mi hermano grabando con la cámara para mandar a mis padres.

Aunque ya me gradué el año pasado, todavía no estoy en una universidad. Pero no retiro ese sueño de mi mente. En este momento mi hermano y yo estamos tratando de ganar suficiente dinero para pagar para mi escuela. Y también estamos esperando a que los papeles de mis padres estén confirmados. Esas son dos metas que sí voy a lograr en un tiempo no sé qué tan corto o largo, pero sí las voy a lograr.

5. MIS BUENAS Y MALAS NOTAS

La educación es muy importante en la vida de los jóvenes. Fue y todavía es una prioridad en mi vida. Me encantaba estudiar y aprender más de lo que estaban enseñando en la clase. También me fascinaba saber toda la información que yo podía obtener. Recibir buenas calificaciones siempre me hizo sonreír y sentirme orgullosa de mí misma.

Sin embargo, no todo fue color de rosa en las notas de mis calificaciones al empezar la escuela. Mis padres no sabían mucho el inglés y no podían ayudarme con mis tareas o asignaciones. A veces trataban, pero no entendían, no comprendían, mas nunca dejaban de apoyarme. Eso me empujó lo suficiente para hacer mejor en mis materias académicas y para lograr mis metas.

Mi principal meta desde niña fue ser enfermera. Empecé a tomar clases de CNA (asistente de enfermera certificada) en la escuela secundaria. También participé en un club escolar que se llama Estudiantes con Ocupación de Salud en América (HOSE). Gané un certificado del estado de Illinois por estar en CNA y pasar el examen necesario para ser certificada. Me sentí tan feliz cuando recibí la noticia. Después de recibirla la certificación, encontré un trabajo en Oak Crest Residence and Atrium Apartments, donde ayudo a los ancianos que allí residen. No sólo conseguí un trabajo, sino conseguí un trabajo que me gustaba, y para el que me había preparado.

Sentí que todo estaba cayendo justo en su lugar. La vida parecía sonreírme. Iba a graduarme de "high school" en el verano y seguir estudiando la universidad. También tenía ese trabajo con el cual podía ayudar a pagar por el resto de mi educación. Pero un día, me empecé a sentir mal. Creí que era algo que me había comido. Días y noches pasaron, y me di cuenta que todavía me estaba sintiendo mal. Llegué a pensar, y también a desechar, la posibilidad de que estuviera embarazada. Me hice una prueba, y salió "positivo". "Tremendo resultado. ¿Por qué le llamaran positivo?", pensé. Sentí como si mi mundo hasta ese entonces perfecto se me estuviera cayendo encima. ¡No lo podía creer! Todo lo que yo había hecho para ser una buena estudiante y tener una vida mejor para mí y para mi familia.

En este momento, faltan seis meses para que llegue mi bebé. Y sólo faltan dos semanas más para graduarme. Antes, en mis planes sólo estaba el graduarme, trabajar el resto del verano, y después empezar la universidad. Ahora los planes han cambiado "un poquito". Es triste cómo los jóvenes hacemos tantas cosas sin pensar en las consecuencias, sin pensar que un simple hecho cambia tu vida por completo. Pero hay que saber afrontar lo que te pasa, y continuar. Todavía me voy a graduar, trabajar, e ir a la universidad. Mas ahora me va a costar mucho más trabajo, tiempo, una gran dosis de paciencia, y un buen bulto de dinero (habrá que comprar pañales y libros al mismo tiempo). Superé la barrera del idioma para tener éxito en la escuela. Ese problema surgió indirectamente por mis padres. Este otro fue causa y efecto de mis acciones. Yo sé que mi siguiente paso va a ser muy difícil, pero también sé que no es imposible. Y por eso, voy a hacer todo lo que puedo para obtener el resto de mis metas.

6. EL MÁS PEQUEÑO

Yo solía ser una persona bastante egoísta. Yo fui la única hija por quince años de mi vida y mis padres me echaron a perder. Cuando no conseguía lo que quería, me quejaba y gemía hasta que yo consiguiera mi capricho. La manera que mis padres y mi familia me trataron, parecía que yo era una princesa y que yo podría conseguir lo que yo quisiera. Mi vida y mi mundo cambiaron un día, y me he hecho una mejor persona debido a eso.

Yo acababa de llegar a casa de la escuela y mis padres me esperaban en la cocina justo como ellos habían hecho durante los quince años pasados de mi vida. Este día, sin embargo, era diferente. Ellos se sentaron en la mesa de cocina y hablaron emocionados que querían pintar el otro cuarto que teníamos. Cuando les pregunté lo que ellos hacían, se miraron el uno al otro. Luego mi madre me dijo que ella estaba embarazada. Al principio, yo no sabía cómo reaccionar. Por supuesto estaba sorprendida pero yo no estaba segura si yo debería estar emocionada por tener otra persona para dirigirme o si yo debería estar enojada que toda la atención no iba a estar en mí nada más. Entre más pensaba en toda la atención que yo no iba a tener, más enojada me ponía.

Cuando mi madre dijo al resto de los miembros de su familia de su embarazo, ellos comenzaron a concentrarse más en mi nuevo hermano o mi nueva hermana más que en mí. Cualquiera de los logros que yo había hecho en el piano o en la escuela parecían ser menos importantes que las noticias de cómo iba el bebé. Yo estaba celosa de toda la atención que el bebé atraía. Si el bebé lograba toda de esta atención y ni siquiera había nacido todavía, tenía miedo de cuánta atención acapararía cuando naciera.

Y como no hay fecha que no se cumpla, ni plazo que no se llegue, el bebé nació. Mi madre se fue apresurada al hospital mientras yo estaba todavía en la escuela. Mi papá vino para recogerme temprano de modo que pudiéramos visitar a mi mamá después de que el bebé llegara a este mundo. Yo estaba nerviosa por el futuro. No sabía cómo manejaría la nueva adquisición de toda la atención. Mi hermanito nació el 6 de marzo y él estaba saludable. A unas horas después de que mi madre acababa de dar a luz me permitieron sostener en brazos a mi hermanito.

Aquel momento fue un punto decisivo en mi vida. La posesión de esta pequeña persona en mis brazos me dio una emoción poderosa, de mezcla de protección y de amor. Mis celos comenzaron a derretirse y me di cuenta que esta pequeña persona era mi nuevo pequeño hermano. Yo iba a tener cuidado de él y dirigirlo a decisiones buenas y formarlo en una mejor persona de la que yo había sido mi vida entera. Este era el primer momento en que yo me había sentido alguna vez desinteresada de mi vida entera y esto era probablemente el mejor sentimiento que hube sentido alguna vez.

Todavía me dirijo a mi hermano con lo mejor que puedo aunque yo esté en el colegio. Quiero que él sea una mejor persona que yo era antes de que él naciera. Por medio de su amor y a partir de él, me di cuenta de cuál era el camino derecho y de las decisiones correctas, y que lo podría extender a otros niños, a otras personas, y olvidarme un poco de mí.

Acabo de terminar mi primer año del colegio en mi carrera en educación. Tengo la intención de convertirme en un profesora de jardín de niños o kindergarden, con la esperanza de dirigir a cuantos niños tenga a mi cargo, para iniciarlos en el camino derecho y las decisiones correctas.

7. HISTORIA DE LORENA, PARA LOS NIÑOS QUE LO NECESITAN

Soy la primera en mi familia en graduarme en este país llamado América (no entiendo por qué). De niña siempre tuve la impresión de hacer algo grande, cuando estuve en la escuela media estaba gorda y tenía pocas amigas. Nunca me preocupé con eso, era independiente y mis maestras lo sabían. Yo siempre hablé español en la escuela y en la casa. Mis padres fueron muy estrictos con el español. Siempre dijeron que era como una ventana que muchos iban a necesitar. Cuando me gradué de "middle school", mis primeros días en la "high school" (preparatoria) fueron diferentes. Cuando ya supe de todas mis clases y la escuela empezó, mi rutina cambió. Veía a las niñas con blusas cortitas y pantalones apretados. Me sentí desafortunada de no tener un cuerpo así. En las semanas que pasaron dejé de comer, estudiaba pero sin comer. Siempre iba a la casa para hacer tarea y luego dormirme. Cuando mis padres vieron mi cuerpo y que estaba enflacando se preocuparon por mí. Me dijeron que tenía que comer algo, que no dejara de comer por un niño. Les dije que lo hacía por mí misma. Eso sí era cierto pero también estaba influenciada al ver niñas bonitas con niños guapos, por supuesto. Total que mi primer año de "high school" estuve enfocada en mí misma y mis grados. Yo creo que gracias a la atención que siempre me ponían mis padres, y a sus rezos, no me convertí en una anoréxica, como muchas de mis compañeras. En mi segundo año, tuve muchas amigas y amigos. Siempre quería hablar de algo nuevo que había pasado con alguien. Poco a poco mis grados se fueron pa` bajo. Iba a las clases pero siempre un niño me llamaba la atención. Al cumplir mis 16 años, era más delgada, bonita e inteligente. Y entre más hablaba con los niños, más creía que tenían una manera de conquistarme con sus palabras. Nunca pensé mucho en tener un novio, aunque me gustaban mucho los

chicos, en casa mis padres siempre me preguntaban sobre las clases y
mi tarea. Me gustaron la escuela y las clases, los maestros y mis amigos
pero sabía que tenía que hacer algo para mi familia, y eso fue graduarme
de la "high school". En mi tercer año era una niña muy sociable, y con
trabajo y amigas que siempre estaban saliendo, andaban siempre en la
calle. A veces me ponía a pensar en lo que hacían todo el rato afuera, y
para decir la verdad, nunca me dieron muchas ganas. Me gustaba hacer
cosas yo misma, como leer libros románticos o escuchar música. Mis
amigas siempre me invitaban, pero cuando vi el resultado de ir a bailes
y tener novios de veinte años, me espanté. Una por una mis amigas
se iban embarazando con muchachos. Y más sola me quedé, hasta que
un día entendí que yo siempre tuve una meta: Ir a una Universidad.
Pero mis amigas nunca tuvieron eso en la mente. En mi cuarto año, me
junté con amigas que tuvieran la misma mentalidad que yo tenía para
el colegió. Era más seria, y siempre estaba estresada con la tarea, el
colegio y el trabajo. Pero alegremente pasé todas mis clases, y apliqué a
muchos colegios, y me aceptaron en la North Western University. Estoy
tan agradecida y orgullosa de haber terminado, y ahora estoy estudiando
para enfermera para niños. "Termina lo que empieces, porque no sabes
cómo puedes quedar sin una educación, sin haber logrado una meta."

8. CON AMOR, TU AMIGO VICTOR

Cuando era niño, tenía una gran dificultad para hablar inglés. Mis padres siempre hablaban español y era difícil ayudarlos si no sabía mucho inglés, y a mí me daba pena. Hasta que un día le dije a mi mamá que me pusiera en la clase de inglés en mi sexto año de primaria o escuela elemental. Aprendí inglés, saqué buenas notas y les ayudaba a mis padres a traducir palabras. Cuando entré a "high school" (preparatoria) fui muy diferente. Conocí a muchos niños y niñas que eran hispanos, que eran el primero de su familia que iba a estudiar en los Estados Unidos. Tuve álgebra en mi primer año, porque mi grado de matemáticas era muy bueno. Mis otras clases fueron regulares, y tuve muchas clases con hispanos. Ellos eran felices de ser hispanos, con sus cabezas altas y siempre hablando español. Y yo me juntaba con ellos, salíamos a la calle, jugábamos futbol durante las clases e íbamos a bailes a bailar bachata. Nunca iba a las clases, y un día me dieron un papel que decía que estaba en "Step 2 ó 3". Les pregunté a mis amigos, y a ellos no les preocupaban esos papeles, y después tampoco a mí.

Hasta que un día en la clase un niño entró con un papel como siempre, se lo dio a la maestra y ella me lo dio a mí. Cuando lo vi supe que este papel era diferente. Estaba asustado al pensar que mis padres tenían que firmarlo. Me habían acabado de gritar la semana anterior por siempre estar afuera y nunca hacer la tarea. Lo leí y entendí que mi consejera escolar quería hablar conmigo. Me puse nervioso. Empaqué todas mis cosas para ir a verla. Salí de la clase y fui a su oficina. Cuando me vio me dijo que pasara a su oficina y me sentara. Ella se sentó enfrente de mí y me dijo:—Sabes, Oscar, de lo que sé de tus grados de "middle school', tú eres un buen estudiante. No sé por qué no sacas buenos grados ahora y nunca vas a tus clases. Continuó diciendo:—Oscar, según entiendo, muchas maestras dan a los estudiantes clases para las que no están listos. Yo creo que es mejor si te sacamos de la clase de álgebra, y te ponemos en geometría. Me sentí enojado. No, yo recibí esa clase porque yo estaba listo.—Ok, eso lo entiendo completamente, pero ¿cómo quieres tenerla y no usarla? Me levanté de la silla. Yo podía subir mis grados (notas), y podía estar presente en todas mis clases, se lo juré. Me sentí frustrado, todo por estar con mis "amigos" quienes tampoco sabían nada de lo que todos esos papeles chiquitos te estaban diciendo.

Dos semanas pasaron. Estaba haciendo toda la tarea que nunca hice, y la tarea que tenía que hacer ahora. Mis amigos primero trataron de hablarme más y más frecuentemente, y luego nada. Estudié mucho para obtener un buen grado en cada clase. Cuando vino el reporte de notas mi consejera me dio otro papel para verla. Fui y me saludó con un abrazo y me dijo:—Siempre supe que podías, nada más tenías que concentrarte. Y en mis 4 años en "high school", entendí que no sólo por el hecho de ser un hispano no iba a saber nada, y tenía que mostrarles que podía aprender algo. Hoy estoy atendiendo la Universidad de Illinois para ser un dentista. Soy muy feliz con mi vida ahora. Aunque tengo que pagar mucho para la escuela, tengo la mentalidad que lo podré hacer y obtener mi sueño.

9. SHELBY D,

Desde que tengo memoria, siempre me ha gustado todo lo relacionado con la música. Cuando yo era una bebé cantaba las canciones de Sesame Street (Plaza Sésamo), y yo siempre pretendía ser una estrella de rock que daba besos a la gente. La música fue una sensación de alegría inmensa durante mi adolescencia. Esto me hizo amar la música, y decidí que quería tener música en mi vida para siempre.

Mi nueva meta de alcanzar la grandeza en la música comenzó cuando me uní a la orquesta en mi escuela primaria. Me enamoré del violín y decidí que quería tocar el violín como una profesión cuando fuera mayor. Sin embargo, yo sabía que sólo los más fuertes sobreviven en la industria musical. Decidí practicar, practicar y practicar continuamente. Tenía que luchar por la perfección y la perfección solamente.

Mi deseo de lograr grandes cosas en el mundo de la música me llevó a unirme a la orquesta en Elgin High School. Claro, me ayudó a conocer a más personas y a un maestro increíble y a aliviar el estrés durante el día. Pero yo quería participar en la clase y mejorar mis habilidades técnicas de violín.

En el comienzo de mi segundo año en la escuela secundaria, mi maestro iba a asignar a cada uno su "silla" en la orquesta. Una silla en la orquesta es una clasificación, la primera silla es la mejor. Cada instrumento tiene su propia primera "silla". Ese era el día que yo había estado esperando. Con mi trabajo y dedicación a la orquesta, no había duda en mi mente que yo iba a estar en la primera silla. ¿Quién ha practicado más por lo menos una media hora durante su tiempo libre, cinco días a la semana? ¿Quién estaba más centrada en la música, en la orquesta? Creía que sólo yo lo había hecho, y que la primera silla iba a ser la mía. Yo estaba esperando a que mi nombre fuera llamado para la primera silla, y me puse muy ansiosa y sólo quería que mi maestro me dijera que yo era la primera silla de los violines. Mi profesor abrió la boca, y nos dijo quién había recibido la primera silla. No era el nombre que yo quería oír. "Está bien", me dije, "voy a ser la segunda silla este año." Una vez más, no era el nombre que yo quería oír. Frustrada, sabía que por alguna razón iba a ser la tercera silla para violines este año. Una vez más, mi nombre no fue llamado. Por último, mi profesor me dijo que iba a ser la cuarta silla.

Miré a la gente quien tenía la primera, segunda y tercera sillas. Estas personas no estaban tan concentradas como yo lo estaba en mi música. Todas las otras personas estaban sonriendo, aplaudiendo y riendo mientras yo estaba más y más enojada. Decidí hablar con mi maestro por qué no había recibido la primer, segunda o tercera silla.

Cuando le pregunté a mi maestro por qué no había sido elegida por primera silla, me contestó con otra pregunta. "¿Disfrutas tocando el violín?" A este tiempo, me di cuenta—realmente no me gusta ya tocar mi violín. Se había convertido en una tarea que debían completarse, y nada más. Yo había perdido la magia y la diversión de la música que yo tenía cuando era más joven.

Mientras yo dije no con mi cabeza, mi maestro respondió: "Las personas quien reciben la primera, segunda y tercera silla son ejemplos de orquesta en la escuela. La orquesta no es sólo un negocio, es la alegría también. ¡Pero buena suerte para el próximo año! "

Tuve una epifanía que la vida no se estaba definiendo por las clasificaciones o los logros y el éxito realmente venía con su propia felicidad. Ahora, estoy feliz de decir que la orquesta es una manera de hacerme sonreír. Tengo más amigos de la orquesta y mucho menos estrés en la clase de orquesta. Ahora voy a graduarme, estudiar la música y la enseñanza en la universidad.

Si todo sale como yo quiero, voy a ser una maestra de orquesta y enseñar la alegría de la música y la vida a los niños.

10. LOS RIESGOS

Si usted me preguntara qué clase encontré como la más difícil, yo te diría que fue mi clase de Física AP que tomé en mi último año de escuela secundaria. Si usted me preguntara de qué clase aprendí más, yo te diría que era mi clase de física AP, también.

Mi clase de física que se llamaba "AP", porque era una clase de colegio en la escuela secundaria. La física no es sólo un área difícil de entender, sino que iba a tomar una clase que tiene la dificultad de una clase de la universidad. Cuando me eligieron para tomar esas clases, yo sabía que estaba tomando un riesgo. Había recibido muy buenas notas en la secundaria, y con AP Física, sabía que podía obtener una C o D. Al contrario, yo sabía que podía hacerlo bien, porque mi profesor, el Sr. Saiz, era un profesor muy bueno y siempre trataba de ayudar a sus estudiantes estando disponible si ellos necesitaban su ayuda.

Durante todo el año, hubo días en que yo realmente no quería tomar la clase. Podía tomar una clase como Ciencias Ambientales en el que se garantiza una A, o posiblemente una A +. Pero el señor Saiz siempre me ayudó y me dijo que tenía que seguir trabajando.

Y luego, el final del año llegó. Nuestro proyecto final que teníamos que hacer era construir un robot. No era sólo un robot que moviera sus brazos y piernas, pero un robot que pudiera completar una carrera de obstáculos. Cuando yo vi los robots que la clase del año pasado había construido, me emocioné. Pero yo tenía miedo porque yo no estaba seguro de poder lo mismo.

El primer día que mi clase de física tenía que trabajar en el robot, mi pareja no estaba allí. Yo realmente no sabía cómo iba a empezar a trabajar en el robot yo solo, pero yo respiré hondo y comencé a leer la libreta de las instrucciones.

Leí la primera página del libro de instrucciones, y me di cuenta de que yo sabía hacer todo lo que se que se indicaba en la primera página.

Empecé en el cableado eléctrico del robot, y tenía miedo por las cosas locas y difíciles de la segunda página. Como ya había arreglado las resistencias eléctricas para su corriente, encontré que sabía hacer todo en la segunda página, también. Obtuve una mayor confianza y me dirigí a la tercera página. Y la cuarta página. Y la quinta. ¡Sabía cómo hacerlo todo! Me di cuenta que aunque mi clase de física era difícil, había aprendido mucho. También me ayudó a tomar mi decisión de ser un ingeniero civil cuando sea mayor.

Cuando estaba trabajando con mi robot, se me ocurrió que nunca me hubiera imaginado que pudiera armar un robot, especialmente un robot complejo. Y lo hice. Nunca me imaginé que iba a ser capaz de tomar una clase de colegio en la secundaria. Y lo hice. Nunca me imaginé ser capaz de obtener una B en mi clase de física AP. Y lo hice.

El segundo día, cuando mi pareja vino a clase, ella estaba muy impresionada con el trabajo que había hecho. Ella tenía miedo de trabajar en nuestro robot, pero le dije que tenía que correr riesgos, y tener confianza en sí misma.

Y eso es algo que he aprendido durante mis años de la escuela secundaria: todos necesitan tener confianza en sí mismos y permitirse tomar riesgos. Si no, vas a lamentar todo lo que haces, y vas a desear el haber hecho algo más, y entonces ya será tarde.

Ahora, me estoy graduando de mi escuela secundaria y he aprendido a manejar las clases de la universidad, aprendí sobre mí mismo, y estoy emocionado por irme a la universidad. Voy a asistir a la Universidad de Illinois en Chicago el próximo año, y convertirme en un ingeniero civil. Mi deseo de tomar riesgos no ha parado. Pero no son riesgos a tontas ni locas como los que te llevan a parar en un cementerio o en la cárcel. Yo planeo tomar muchas clases de honores universitarios, y participar mucho en las competencias de ingeniería, empujando mis habilidades al límite. ¿Quién sabe? Quizás, pueda inventar un robot que ayude a las personas, y hacer mucho más que una carrera de obstáculos.

11. Lo Mismo

Siempre me han dicho que me parezco a mi abuela. Tengo su cara alargada, su mentón tan distinto a los demás, y sus ojos color avellana. Cuando era niña, mi abuela fue muy activa, una estudiante excepcional a quien le encantaba contar historias. También soy muy atlético, me va bien en la escuela y tengo una fascinación por escribir cuentos. Siempre pensaba si yo enfrentaría los mismos obstáculos, si tendría el mismo éxito, y viviría mi vida como la vida de mi abuela.

Puedo recordar el día en que mi familia había decidido tener un picnic en el parque cerca de la casa de mi tía. A medida que llegaba al parque, vi que los cielos mar azul se cubrían con nubes lejos de su color natural. Al llegar al parque, las pesadas nubes comenzaron a verter grandes gotas de lluvia, y todos los miembros de nuestra familia trataron de encontrar el kiosco en el parque. Todos los ancianos se reunieron en un círculo, hablando lógicamente de los temas de la lluvia, de las nubes, del cielo por espacio de al menos dos horas. Este fue justo el tiempo que tardaron en vaciarse las nubes, pero se aproximaban otras a seguir la tarea. Poco antes habían decidido reunirse en la casa de mi tía en el lugar del parque. Mientras íbamos camino a casa de mi tía, pensé cómo el hombre del pronóstico del tiempo había dicho que sólo iba a haber una probabilidad del diez por ciento de lluvia, y la imprevisibilidad de la vida.

Mientras comíamos la cena, veíamos cómo las nubes de lluvia se volvían más delgadas y más delgadas hasta luego desaparecer. Ya que el aire acondicionado no funcionaba correctamente, toda mi familia tomó sus sillas afuera para sentarse en el patio. Todos, excepto mi abuela y yo, que no queríamos irnos hasta que todos los platos de papel estuvieran en la bolsa de basura. Después de colocar el último plato, yo iba a salir afuera, hasta que me di cuenta que mi abuela estaba sentada, sonriendo, y esperando que fuera a sentarme a su lado.

Cuando estábamos sentadas, mi abuela empezó a decirme una cosa—"Antes me veía como tú, pero pronto te verás como yo, Desiree. Mira la lluvia de hoy. Nadie sabía que iba a estar lloviendo así, y mira cómo se fue. En verdad, nadie sabe cómo es la vida, y yo quiero que vivas tu vida en una forma en que tus ancianos sientan orgullo, y que tus hijos tengan orgullo, pero lo más importante de todo, que tú misma tengas orgullo".

Miré a mi abuela, y me sonrió. Le dije que estaba pensando en la lluvia también, y le di un abrazo.

No puedo decir que sé lo que es realmente la vida en este momento. Pero hay tantos viajes en la vida que me quedan por emprender. Cada día es una experiencia de aprendizaje que nos enseña algo diferente. Todo lo que podemos hacer es seguir el consejo de nuestros mayores e interpretarlo con lo mejor de nuestra capacidad.

Para asegurarme de que mi familia, mis hijos y yo sintamos orgullo de mi vida, he conseguido sólo A's y B's en la escuela secundaria, y he participado en un montón de proyectos de voluntariado y muchos deportes, y he hecho lo mejor en todo.

Aunque las experiencias de la vida pueden parecer alarmantes, sé que será muy emocionante al mismo tiempo. Una de estas experiencias es la graduación de secundaria. Me estoy graduando de secundaria en breve, y estoy nerviosa, pero feliz al mismo tiempo.

Después de la secundaria, me voy a la Universidad de Loyola en Chicago. Voy a estudiar medicina, así que puedo ayudar a otros y verdaderamente le daré a mi abuela un orgullo.

12. SI LA VIDA NO ES JUSTA, HAY QUE ENDEREZARLA

"¡No, no, no puedes estar embarazada! Yo no lo creo. Pensé que habías aprendido de Juan. ¡Ahora mira lo que nos has hecho!"

Es difícil para mí saber lo que vendrá de mi futuro. Mis padres tratan realmente duro, todos luchamos. Sin embargo, después de todo, me parece que no iré a NIU el próximo año. Estaba emocionada en ir al colegio. Pero con uno y ahora dos bebés en camino, no hay suficiente dinero. Todo este trabajo. ¿Y para qué? No sé si puedo aún ir al colegio. La novia de mi hermano menor va a tener su bebé muy pronto. Y ahora acabamos de descubrir que mi hermana de quince años dará a luz también. Mis padres nos enseñaron mejor que eso. Tengo prioridades, que ahora pasan a segundo lugar a mis sobrinas o sobrinos. No es justo, pero nadie dijo que la vida era justa.

Recuerdo cuando era pequeña e iba a la tienda de mi padre con él. Era una tienda de ropa oriental. Ha cambiado un poco desde entonces. Mi hermano y mis hermanas iban también. Eso fue cuando quisieron formar parte de la familia. Esas memorias con mis padres son muy valiosas para mí. Cuando las cosas eran más normales, y mis hermanos se esforzaban mucho. Cuido de mis hermanas y mi hermano. Trato de dar un buen ejemplo para los tres niños más chicos. Jugaba a "la casita" con ellos y yo era la mamá. Yo nunca pensé que tantos ellos como estudiantes de primer y segundo año de primaria y yo un poco mayor, estaríamos jugando a la casa de verdad. Me encargaba de hacerles su "comidita", de jugar con ellos, de leerles un cuento, y de llevarlos a la cama.

Afortunadamente, todo esto no representó un obstáculo para ser una buena estudiante. Mis estudios son importantes para mí. Tengo mucho respeto por los profesores, por eso en clase me concentraba sólo en eso, olvidándome de los quehaceres que me esperaban en casa. Las tareas las hacía con mucho gusto, era mi forma de relajarme. Cuando tenía como diez años, tuve la mejor profesora del mundo, la Sra. Peter. Ella siempre trató de hacer la clase muy divertida. Siempre teníamos muchos juegos, pero de todos aprendimos mucho. Nunca la olvidaré. Ella es la razón por la que quiero ser una maestra. Quiero ayudar a los niños en la misma manera como ella, e inspirarlos a hacer más de lo que piensan que podrían ser.

Ya en la preparatoria, cada día después del colegio, tenía las prácticas de atletismo. Tengo buenas amigas y ellas me admiran porque ven que no dejo de tener tiempo ni para ellas ni para todas mis obligaciones y pasatiempos. He mejorado tanto esta temporada. Tiro el lanzamiento de pesas y el disco. Pasé tanto tiempo en el atletismo, pero era una de las cosas que hacía sólo para mí. Fue el tiempo cuando me concentré a mejorar en cuerpo y alma, y no centrándome en el problema inmenso que mis hermanos han creado.

Iré al colegio y llegaré a ser una maestra, pero este plan está aplazado por un rato. En mi cultura, dar a luz a un bebé en la juventud es común y en cierta forma aceptado, pero en realidad, esto nos afecta a todos. Las acciones de mi hermano y hermana cambiaron mi futuro también. En cuanto a ahora, ya es casi un hecho que me graduaré de la preparatoria. Aunque sea triste decirles adiós a todos mis amigos y a la idea de continuar el colegio con algunos de ellos, sé que las cosas son así, y que un día mejorarán para mí. He vivido en esta ciudad toda mi vida, pero no pienso permanecer aquí para siempre. Tendré que abrir mis horizontes. He pasado muchos contratiempos. Pude parar y no lo hice; al contrario, me hice más fuerte. "Lo que no me mata me fortalece . . ." dice una frase famosa. Soy una persona determinada y lo voy a lograr.

13. SIN EXCUSAS

Cuando miré fijamente la puerta abierta, no podía creer que él realmente nos había dejado. Mi padre había dejado a nuestra familia: mi mamá, mi hermano, mi hermana y a mí, para siempre. ¡Sentía tanta ira! También sabía que nada sería jamás igual.

Mi mamá era muy joven cuando conoció a mi padre y empezaron a salir juntos. Ellos se casaron un poco tiempo después, y tuvieron a mi hermana, a mí, y luego a mi hermano. Cuando era niña, lo que menos vimos entre nuestros padres fue amor; siempre pelearon. Fue muy duro para mi familia. Mi padre raramente estaba con nosotros, y cuando estaba en casa no fue un gran padre. Fue tan difícil para mis hermanos y yo ver una relación tan rota entre mis padres. Pero no imaginábamos que vendría algo peor que eso.

Un día, cuando tenía trece años, mi padre fue detenido por posesión de drogas. Él las había estado vendiendo y ninguno de nosotros sabía de ello. Dudo que jamás él lo vaya a admitir delante de nosotros. Tuve que testificar en el tribunal contra mi propio padre, sabiendo que él no iba a estar ya en nuestra vida. Después de aquel día, mis padres se divorciaron. Eso dejó a mi madre sin una pareja, y a tres niños que cuidar sin un padre. Ha sido muy duro para ella criarnos y darnos todo sola, pero trata con todas sus fuerzas.

En la cultura de los hispanos, es normal tener hijos cuando eres joven. Luego, muchas de estas familias no siguen juntas, o no son funcionales. En esta cultura, no es una necesidad que el padre se quede con sus hijos ni con la madre de sus hijos. Aunque es una práctica común, no es justo o fácil para nadie, mucho menos para quienes menos culpa tienen. En nuestro caso, este evento formó a las personas que somos, nos hicimos más fuertes, y más confiados en que Dios cuidará de nosotros.

Cuando estaba en mis primeros años de escuela, estaba muy enfadada con mi padre, y me fue muy difícil perdonarlo. Toda esta ira puso una carga tan pesada en mi mochila escolar que no logré disfrutar de la escuela u otras cosas de mi niñez. Aún así, logré ingresar a la academia para alumnos talentosos de mi escuela. La mayoría de las personas piensan que las minorías no pueden tener éxito en la escuela. Yo nunca he creído en estereotipos. Mi futuro es mi elección, no basado en mi carrera, pero basado en lo que hago con mi vida y las elecciones que hago. Tuve que perdonar a mi padre y soltar toda la ira que sentí. Tomó mucho trabajo, pero tuve fe en Dios y buenos amigos para ayudarme.

La música llegó a ser una manera para sobreponerme de todo lo que me ha sucedido. Paso mucho tiempo con la banda de la escuela tocando mi clarinete. Todos en la banda son diferentes y tienen una historia extraordinaria y hacen la escuela interesante. Recuerdo el momento justo cuando oí una banda tocar. Tenía entonces como diez años, y una banda del colegio vino a la clase. Desde ese momento hasta ahora, la banda ha tenido un lugar primordial para mí.

Mi hermano está en la banda también. Me encanta pasar tiempo con él en el colegio. Con mi hermana lejos por su universidad, es más importante tener nuestra familia cercana a nosotros. Mi hermano y yo hacemos muchas cosas juntos. Él es más alto que yo y casi de mi edad, pero todavía me siento como una mamá para él. Me esfuerzo mucho en cuidar de él porque nosotros no tenemos a nuestro padre en casa.

A pesar de la estadística en contra de las minorías y de los hijos de padres divorciados, me graduaré muy pronto. Nunca fue una opción para mí el no graduarme. Mi historia no es una excusa para ser perezosa. Tengo que trabajar más duro que otros para tener éxito, eso es todo, pero voy a hacerlo. Quiero cambiar al mundo ayudando a una persona a la vez, y estoy empezando ahora, en mi escuela, en mi vecindario, y todos los días voy a continuar luchando para tener éxito a pesar de los pesares.

14. SIN GRAN PASADO, CON GRAN FUTURO

Cuando tenía doce años, averigüé que era adoptado. Fue una de las cosas más inesperadas que jamás pudieran haberme dicho. Si mi mamá me hubiera comentado que realmente existían los extraterrestres fuera del espacio, me habría sorprendido menos que averiguar que no era hijo de mis padres. Cuando ellos me dijeron, se supone que ya era lo suficientemente mayor para comprender, pero no podía resolver cómo reaccionar. No sabía si ponerme triste, enfadado, o feliz de que finalmente me estaban diciendo la verdad. Pero me sorprendió que mis padres no me lo hubieran dicho antes. Comencé a preguntarme y a sentir algo en el pecho; ¿cómo fue posible que un gran secreto como ese todos me lo hubieran estado ocultando? Todos mis parientes sabían, primos, primas, tías, menos yo, y eso fue lo que me hizo estar disgustado.

Por un tiempo, puse las malas nuevas en la espalda de mi mente. Pasé a la vida cotidiana de lo más normal sin pensar realmente en lo de ser adoptado. Nada en mi vida había cambiado: estaba en la misma casa, con los padres quienes eran las mismas personas que me habían criado, y no había razón de preocuparme por ser adoptado. Sin embargo, cuando entré al colegio, llegué a tener la curiosidad sobre mis padres biológicos. Vi a los jóvenes que eran ya padres, y les pregunté si por esa razón mis padres biológicos me habían puesto en adopción. Le pregunté a mi mamá al respecto. Ella me dijo que ya tenía la madurez como para saberlo todo.

Mi madre me puso al corriente sobre mi historia. Mi padre biológico era un inmigrante ilegal. Él había venido a los Estados Unidos para trabajar como muchos otros. Mi madre biológica tenía diecisiete años, y estaba todavía en la escuela. Ninguno de los dos estaban listos para ser padres, y mi padre ilegal no podría ser un buen papá. De esa manera no tendría los recursos ni la estabilidad para criarme. Fue cuando decidieron ponerme en adopción. Encontraron una familia buena para mí.

¡Todo esto me llevó a pensar sobre todos los estudiantes que estaban teniendo niños siendo todavía niños! Yo era uno de esos bebés, producto de un encuentro más físico que amoroso, y a causa de él se me daría una vida diferente, desigual. Era algo con lo que tenía problemas de aceptar. Esos actos de juventud hicieron mi juventud y mis años en el colegio más difíciles.

Pasé mucho tiempo en la escuela en clubes y deportes como el fútbol y club de audiovisual, porque ya no tenía una gran relación con mis padres. Esas cosas eran mi prioridad. Como resultado de todo esto mis grados se cayeron. No era más que un estudiante con promedio C, sin importarme mucho si me graduaría o no. Pero un día, un orador vino a nuestra escuela y habló de su experiencia en el colegio. Había tenido un pasado áspero, lleno de muchos problemas familiares. Pero él se esforzó mucho, y finalmente se graduó y pasó a la universidad. Repentinamente cambió mi actitud, porque vi a otra persona que había vencido tantos obstáculos. Fue cuando comencé a esforzarme mucho en la escuela y a tener objetivos en mi vida. Mis padres vieron la diferencia y estaban felices. Yo pude ver que ellos sólo querían darme una mejor vida. El único pecado que ellos habían hecho fue corregir el error de mis padres biológicos, y pusieron mucho esfuerzo en eso.

Ya decidí que quiero ser un asistente social de colegio. Estudiaré con muchas ganas para así poder ayudar a estudiantes como yo. Quiero orientar a las familias con niños adoptivos así como el orador me inspiró y me fortaleció aquella tarde.

Ahora ya estoy por graduarme de la preparatoria, y a punto de ir a la universidad NIU. Mis últimos años han sido muy duros, pero he aceptado de dónde vengo, y creo saber a dónde voy, y lo que puedo hacer con mi futuro, ya que el pasado, ahí quedó, y ya no se puede borrar.

15. RAMPAGE

"¡No te olvides de eructar al bebé después de darle de comer!" dijo mi mamá antes de salir para ir a trabajar.

"¡Siempre!" yo digo. En estos días, estas cosas que necesitas acerca de cómo cuidar un bebé, se han vuelto muy naturales para mí. Antes de continuar, mi nombre es Ismael, y él es Rampage. Esta criaturita tiene ocho meses y es el bebé de mi hermano mayor. Cada lunes, miércoles y viernes son los días cuando no tengo clases en la universidad, y todos en mi familia tienen que trabajar también. Por eso me quedo solo por unas cinco horas para cuidar de este chiquito.

Es raro porque en primer lugar, tenía miedo de cuidar a mi sobrino solo en la casa. ¡Hay tantas cosas que le pueden pasar! Pero después de mucho tiempo y experiencias, estoy muy acostumbrado a esto ahora. Aunque él es el hijo de mi hermano, siento que tengo un gran papel en la vida de este niño, no sólo en el principio, sino a lo largo de ella. Hay muchas responsabilidades acerca de las necesidades en esta etapa de la vida.

Yo recuerdo algunos momentos cuando crecí con mi hermano. Como cuando tenía seis años, y él tenía siete, y los dos estábamos solos en casa. Mis padres estaban en sus trabajos y cada día, a las siete de la mañana, dejaban el teléfono en nuestra habitación, la cual compartíamos, y nos llamaban para saber si todo estaba bien. Este fue el resultado de muchos malos eventos con las niñeras. Yo realmente no veía esto como un problema. De hecho, esto nos enseñó a ser independientes, especialmente a mi corta edad. No me malinterpreten, yo todavía dependo de ellos en estos días. A veces, yo quería que estuvieran en mi casa durante esos momentos. Por eso, durante mi escuela primaria, era un rebelde. Hice muchas cosas muy malas, como recibir *'pink slips'* de mis maestros. Cuando las recibía, llamaban a mis padres de mi escuela. Yo sabía que no estaban contentos por eso, especialmente que ocurrieron mucho. Estaba haciendo esto para capturar sus atenciones.

Ahora, muchas cosas cambiaron, soy una persona mejor, no muy rebelde. Tengo que tener mucha disciplina en mi vida. Hay muchas cosas que dependen de mí, tengo muchas responsabilidades para mantener y alcanzar mis sueños. Cada uno en mi familia, o en el mundo tiene su propia idea de éxito. Ellos piensan que ir a una universidad de cuatro años es suficiente, pero necesito darles la satisfacción y devolver su trabajo duro y sacrificios y mostrarles que todo lo que ellos han hecho es importante. También, es raro ser la primera persona en ir a la universidad, no tengo ninguna idea de qué esperar, y no hay presión que salga de mí, porque sé que puedo hacerlo. Tengo muchos miedos en mi vida, sobre las posibilidades después y durante del colegio. Todavía estoy en mi primer año de universidad, cualquier cosa puede suceder. Pero por ahora, tengo que cambiar los pañales a Rampage antes de que llore muy fuerte y pase a ser un rebelde como yo.

16. MI VIAJE

Me desperté hoy sin saber qué me iba a pasar. Tuve suerte que tomé el tren Metra de las 9:05 a la ciudad (Chicago); sabía que me tomaría tiempo acostumbrarme a mi nuevo horario del segundo semestre de mi universidad; ya había pasado la escuela secundaria; ya había terminado el primer semestre. ¿Qué pasará ahora? Todo es diferente.

Puedo recordar el primer día de mi séptimo grado como si fuera ayer. Antes de ese tiempo, nunca había estado en un programa especial para estudiantes con talento excepcional. Yo no sabía mucho acerca de esto. Pensé que significaba algo así como un programa bilingüe, ya que había oído que enseñaban clases especiales en ambas lenguas, inglés y español. Nunca he estado realmente muy segura con mi español. Eso es lo único que hablo en casa con mis padres, pero no es la mayor parte de mi día normal.

Cuando mi maestro de sexto grado estaba convencido de que yo tenía que tomar ese desafío, me llevó aparte un día, antes de la hora del almuerzo. Me dijo que debería considerar el programa especial en la escuela media. Me dijo que tendría más retos en ese programa que me harían crecer intelectualmente a diferencia de la escuela regular. Así que habló con mis padres y ellos también me dijeron que era una buena oportunidad para mí, pero que al final era mi elección. Y que en realidad pensara en mi educación antes que en mis amigos.

Tenía miedo por el simple hecho de dejar a mis amigos de la escuela primaria. La mayoría de ellos siguen viviendo en el mismo vecindario. Creo que pocos padres y maestros olvidan que tan intimidante puede ser la escuela cuando no tienes a tus amigos alrededor. Me sentía mal sólo de pensar en eso. Yo no conocía a nadie en mi autobús de la escuela. La primera vez que me subí, no estaba segura de qué esperar. Mas cuando vi que algunas caras conocidas de la escuela primaria (elemental), iban en ese mismo autobús, a las mismas clases especiales que yo iba, el alma me regresó al cuerpo. Los estudiantes fueron muy amables y me hicieron sentir bienvenida en mi primer día de escuela. No encontré muy difícil "la tarea" de hacer nuevos amigos. Lo que es chistoso es que los amigos que yo hice ese día son precisamente los mejores amigos que tengo ahora. Los mismos que me han acompañado en mi escuela secundaria y en mi primer semestre del colegio también.

El primer semestre de colegio en la Universidad De Paul, marcó el momento de mi vida, justo cuando mi escuela era más importante que incluso mis amigos, era mi prioridad. Toda mi vida, yo he sido responsable acerca de mi trabajo y éxito en la escuela. Ellos también querían que me fuera bien en la escuela, y quizá por eso entendieron mis prioridades. En cuanto a mis padres, para ellos ya el hecho de graduarme de la escuela secundaria representaba todo un suceso. En cambio, yo necesito trabajar más duro para demostrarles a mis padres que su sueño de que yo me convierta en una doctora no es para mí. Yo he decidido tomar la ruta del arte, quizá menos difícil que la de medicina en cuanto al camino andado pero si mucho más impredecible en cuanto al lugar donde me llevará.

Hoy, en este momento, viajo en el tren a mi universidad, a una hora de distancia de mi casa. Estoy lista, lista para mi futuro.

17. RUBÉN

¡No llores por favor! Me dije mientras pongo a mi bebé en su cuna. Miro a su cara y me veo a mí mismo. No hay nada malo en todo esto, sólo que veo a mi juventud y me parece que fuera cosa del ayer. Soy Rubén, de veinte años de edad, y éste es Rubén Antonio, o Rampage, mi hijo que tiene sólo cuatro meses en este mundo. Hoy es martes, mi turno para cuidarlo. Son las dos en punto, pasada la medianoche. Mi esposa, mi increíble esposa está durmiendo porque ella tuvo un día muy ocupado en el trabajo, y terminó a las diez de la noche. Ahora siempre yo estoy cansado también, pero tengo que sacrificar mi vida por mi bebé, mi nueva vida.

He aprendido muchas cosas en estos días sobre ser un padre, esposo e hijo, todo al mismo tiempo. Necesito aceptar todos los cambios en mi vida. No puedo ser egoísta y ponerme como una prioridad. No, este bebé me necesita. A veces, es una buena cosa que aprendí algunas de estas cosas a una edad temprana, con mis faltas pero también bendiciones en la vida. Estoy muy contento que mi familia haya aceptado los cambios y efectos de mi juventud.

Al principio, cuando estaba en mi último año en mis clases de secundaria, mi familia quería que fuera exitoso en el campo de la soldadura. En mis clases de talleres de carpintería y metálica, yo hacía obras de arte maravillosas con las que demostraba mi habilidad. Soy el mayor de dos hermanos en una familia de primera generación que se movió a otro país para encontrar un mejor futuro. Y esta esperanza crece a medida que uno está por graduarse de la escuela. Yo también creí en ese éxito. Desafortunadamente, me dejé llevar por mi mente juvenil que me llevó a invertir la mayor parte de mi tiempo con mi novia, dejando de escuchar a mis inhibiciones y a los consejos de mis padres.

Poniendo a un lado este agravio, el día más asombroso de mi vida fue el día en que mi hijo Rampage nació. Yo no había aceptado la idea de ser realmente un padre hasta que vi por primera vez a mi hijo. Fue el segundo día de septiembre. Desde el día anterior lo pasé por entero al lado de mi esposa en el hospital desde que tuvo dolores en el útero. Tantas personas nos visitaron en el hospital para apoyarnos, que me decían de cuan afortunado fui. Pero yo me sentía incómodo con mi situación, en realidad tenía miedo. Durante la medianoche y al día siguiente, la tensión aumentaba. El dolor que mi mujer sufría se hacía más fuerte y más horrible. Sentía como si no fuera verdad lo que estaba presenciando.

Y allí estaba, el regalo de la vida, mi hijo, mi vida, mi motivación. Ahora trato de balancear muchas cosas en mi vida, en mi trabajo, en mi escuela, y ser de una parte importante de dos familias: una de ellas, mi propia familia. De ahora en adelante sé que no hay más que sólo oportunidades en la vida, nada de errores, sino oportunidades de aprender, y de llegar a ser una mejor persona.

18. César

El cielo estaba negro y azul aquella tarde de primavera. La lluvia caía en mi espalda. Estacioné mi moto en el garaje. Me recordó a las lluvias que solíamos pasar cuando había huracanes de vuelta a casa en Puerto Rico. Recuerdo el viento que asustaba a mis hermanos y hermanas. Ahora no hay huracanes en Elgin. Mi familia emigró a Estados Unidos cuando tenía siete años.

Recuerdo que tenía tareas que hacer, rápidamente entré a la casa. "¡Abuelo! Ya estoy en casa! ¿Necesita algo de comer?"—le pregunté. Nadie me contestó. Mi abuelo era un trabajador de fábrica, pero ahora se había retirado y ayudaba a cuidar a mis hermanos menores. "¿Abuelo? ¿Está usted en casa?" Sin embargo, nadie me respondió. Dejé el libro y la bolsa y entré en la cocina. "¡Abuelo!" Mi abuelo estaba en el suelo de la cocina, agarrándose el pecho. Todavía respiraba, pero tenía los ojos vidriosos y no podía hablar. Rápidamente llamé al 911. Luego le ayudé a sentarse para que pudiera respirar mejor hasta que llegó la ambulancia.

El azul y rojo de las sirenas de la ambulancia brilló al detenerse frente a mi casa. Dos paramédicos ayudaron a levantar al abuelo en la camilla de ruedas para pasarlo a la ambulancia. Las sirenas eran tan fuertes, que yo no podía oír mis pensamientos. Mi abuelo estaba conectado a tantos tubos que no pude ni contarlos. Después de unos minutos, lo que podrían haber sido años, llegamos al Hospital Sherman y yo me quedé a esperar a que mi abuelo fuera llevado de urgencia al quirófano. Por ser menor de edad no me quisieron dejar solo en casa, mas yo me sentía solo en medio de tanta gente desconocida.

Me senté en la sala de espera del hospital y traté de leer una revista mientras yo estaba esperando a que la cirugía terminara, pero no podía concentrarme. El olor de los antisépticos me picaba en la nariz. La gente caminaba con rapidez en los pálidos matorrales verdes, como robots con portapapeles. Las luces fluorescentes hacían daño a mis ojos. Todo el tiempo parecía borroso mientras esperaba a mi abuelo. Me di cuenta de lo mucho que lo echaría de menos si él moría. Tenía la esperanza de que el médico le pudiera salvar. Yo sólo tenía 17 años de edad en el momento, pero fue ese día que descubrí que la vida es un don tan precioso. Me di cuenta de que nadie es invencible, ni siquiera la gente fuerte, como mi abuelo.

Después de unas horas, el médico entró en la sala de espera y me dijo que podía visitar a mi abuelo en la unidad de recuperación. Me fui a verlo inmediatamente. Todavía estaba muy somnoliento por la anestesia, pero no pude ver la sonrisa en sus ojos cuando lo abracé.

Hoy en día mi abuelo ha hecho una recuperación completa. Todos en la familia nos aseguramos de que coma saludable y haga ejercicios. Su ataque cardíaco fue causado por una arteria coronaria bloqueada. Él tiene que tomar medicamentos todos los días, pero aún así está muy feliz. Estoy tan agradecido de que fueron capaces de salvarle de ese día.

Ahora soy un estudiante de la Northern Illinois University. Yo trabajo en Best Buy para ayudar a pagar mi escuela. Estoy estudiando para ser ingeniero. Algún día, me gustaría ganar una maestría y convertirme en un ingeniero biomédico para que yo pueda ayudar a inventar dispositivos que salvan vidas de las personas, al igual que el cirujano salvó la vida de mi abuelo.

19. NIDIA

Yo me desperté al sonido de mi alarma que retumbaba en la oreja. Son las cuatro de la mañana, y hoy es el día que tengo que volar fuera, hacia Boston, Massachusetts. Como rápidamente un tazón de cereal antes de arreglarme. Me senté encima de la maleta para poderla cerrar. Luché para que toda mi ropa y pertenencias cupieran en una sola maleta. Una vez que yo empaco y me visto, me deslizo al dormitorio de mi madre para darle un beso de adiós. "¡Adiós, Nidia! Que tengas un viaje seguro. Te quiero y buena suerte!" dijo adormilada. "Adiós, mamá. Tendré cuidado. ¡Te quiero también"! Contesté. Yo estaba tan emocionada de ir a Boston. Tomé un taxi al aeropuerto O'Hare. Fue algo raro estar en un coche tan de mañana. Era una mañana fría en diciembre; la nieve blanca todavía cubría el suelo y las personas habían comenzado justo a poner sus decoraciones de Navidad. Miré fijamente en las luces coloradas cuando dejaba mi vecindario y el chofer me condujo a la autopista, acercándose más, y más al aeropuerto.

Cuando llegué al O'Hare, el lugar estaba muy ocupado, aunque fueran sólo las seis de la mañana. Mi vuelo salía a las ocho de la mañana. Verifiqué mis bolsas, atravesé la seguridad, y esperé en la terminal hasta que llegara mi avión. Mientras esperaba, podía ver la nieve blanca suave de Chicago que caía al suelo en la pista. Me recordó la nieve en las montañas atrás en mi lugar de nacimiento, Durango, México. Nací allí en 19 de marzo, 1991. Durango es un hermoso lugar. Muchas de las personas que viven ahí son de Europa, la mayor parte de España. Llaman a Durango "La tierra del cine" porque muchas películas fueron filmadas en el estado a mediados de 1900's. Durango tiene hermosas montañas azules que se extienden a lo lejos en el cielo. En algunos lugares, hay cascadas hasta ochenta pies de alto como las cataratas del "Salto del agua". Mi familia y yo visitábamos el Lago de Puentecillas cuando era más chica, en días cuando el tiempo estaba demasiado caliente como para hacer otra cosa. ¡Es difícil imaginar ese clima cálido con los inviernos duros de Chicago que congelan!

Mi avión llegó sin ninguna tardanza. ¡Estaba tan nerviosa de estar viajando yo sola! Anduve por el corredor pequeño en el avión y encontré mi asiento. Sonreí cuando me di cuenta de que yo me sentaba al lado de la ventana. Cuando el avión despegó, miré cómo las luces de la ciudad se hacían cada vez más pequeñas y más pequeñas. Ver a Chicago de tan alto arriba me hizo sentir tan pequeña. También me hizo darme cuenta de cuán distante había viajado de Durango a Elgin. Entre más me acercaba a Boston, yo no podía dejar de pensar en las personas que adoro. Vengo de una familia muy grande. ¡Mi madre tiene dieciocho hermanos! Como resultado, yo tengo un millón de primos. Soy una de las más viejas de mis primos, así que soy una persona muy maternal. Pienso que la elección de mi carrera está arraigada profundamente en las habilidades que aprendí cuidando de mi familia. Cuando era más chica, mi familia y yo nos movimos a Estados Unidos. Mi hermano Rafael y yo asistimos a Elgin High School. Rafael todavía está ahí. En la escuela, yo aprendí muchas cosas. Una de mis favoritas y más desafiante clase fue la de A.P. química, con créditos para colegio, dada por el Sr. Harmon. Aprendí que adoraba sinceramente la ciencia en esa clase porque disfruté de todo el laboratorio. Experimenté cosas interesantes junto a mis compañeros de clase. Para cuando me di cuenta, ya me había graduado de Elgin High School en mayo de 2009.

"Buenos días, damas y caballeros y bienvenido a Boston, Massachusetts. Espero que hayan disfrutado de su vuelo, y que tengan un hermoso día"! dijo el piloto sobre el altavoz. Después de tres horas de vuelo, yo estaba finalmente en Boston. Reuní todas mis bolsas, y me apresuré para coger un autobús para transportarme al Hotel de la Plaza del Parque de Boston donde se llevaría a cabo una conferencia de Programa de Carreras Biomédicas de Ciencia de Harvard. El hotel era inmenso. El vestíbulo tenía hermosas fuentes y suelos y pilares brillantes. Las personas se movían rápidamente alrededor con su equipaje. Algunas otras personas estaban en sillas marrones con sus laptops bebiendo café.

Una vez que yo hube verificado mi cuarto, yo anduve alrededor del hotel mezclándome con otros estudiantes, presentándome. Todos eran muy agradables y estaban muy emocionados de estar allí. Los médicos, los ingenieros, los cirujanos, y los científicos eran de todas partes. ¡Yo estaba tan asombrada, estaba tan nerviosa que casi no me atrevía a hablar con ellos! Después de que me instalé bien en mi cuarto, tuve que prepararme para la cena de apertura esa noche. Me bañé y me puse mi vestido púrpura predilecto, y no me decidía por uno de los cinco pares de zapatos que había logrado meter en mi maleta. Cuando estuve lista, tomé el elevador para bajar al comedor. Busqué mi mesa asignada y me di cuenta de que yo me sentaba al lado del Dr. Alfredo Quiñones-Hinojosa. Cuando la cena comenzó, él se sentó junto a mí y se presentó. Mientras hablábamos, él me habló de su vida.

"Soy de México. Era un jornalero migratorio, y yo salté la cerca en la frontera para entrar en los Estados Unidos. Alguien me dijo que yo probablemente sería un jornalero por el resto de mi vida. La única manera que vi para cambiar fue educarme. Entonces yo me matriculé en clases de inglés en el colegio de la comunidad. Uno de mis maestros allí me motivó a aplicar al UC-Berkeley, así que lo hice, y fui aceptado. Después de que yo me gradué, fui aceptado en la Facultad de Medicina de Harvard. He hecho mucha investigación de célula madres y yo soy ahora un Profesor adjunto de Neurocirugía y Oncología en Johns Hopkins y sirvo como el Director del programa de tumor cerebral en el campus de Johns Hopkins Bayview", me explicó. Me quedé tan inspirada por su historia que sentía que sí podría yo lograr algo en la vida. Ese hombre fue un inmigrante y había asistido a un colegio de la comunidad como yo. Era tan inteligente y exitoso; sabía que si él pudo darse cuenta de sus sueños a través de la educación, entonces yo podría hacer lo mismo. Por ahora, asisto al Colegio Comunitario de Elgin (ECC) y espero entrar en el programa de la enfermería allí. Planeo después transferirme al St. Mary en la "Notre-Dame". He logrado mucho en el ECC ya, como llegar a estar en un Instituto Nacional de Erudito de Salud, y definitivamente no planeo parar allí. Trabajo como cajera en este momento, que no es el trabajo más encantador, pero definitivamente me ayuda a desarrollar mis habilidades con las personas, y además ahorro para pagar la escuela. Ansío en llegar a ser una enfermera y cuidar de otros. Ese es mi sueño.

20. LIZ

Si el mundo fuera un cuerpo, yo viviría en su cerebro. Constantemente volvería corriendo para atrás y para adelante, retransmitiendo información de mensajes y procesamiento. Y si el mundo tuviera un cerebro, específicamente un lóbulo temporal, Little Angels sería ese pequeño rincón de una mente donde ponemos las cosas que no queremos pensar. Las memorias que no queremos ver, ni oír, ni siquiera para discutir.

Los autobuses escolares bajan y suben niños en y fuera de un estacionamiento. En primera instancia, uno tiene la impresión de que esto debe ser una guardería o un pre-escolar. Pero hay algo diferente acerca de este lugar. El hermoso y ordenadamente cortado césped y una meticulosa colocación de un "no me olvides" recuerdan a los transeúntes los hoteles de cinco estrellas. Las mujeres corren cercan de una glorieta adornada con flores donde animadamente ayudan a los niños a bajarse de los autobuses escolares.

Los niños están en sillas de ruedas.

En mi primera visita a Little Angels, yo estaba agradablemente sorprendida por los sonidos de risa que reverbetean por sus pasillos y su patio. Al entrar a las instalaciones, sus residentes, sus cajas de madera, las periqueras, y las paredes decoradas evocan una feliz oficina de correos. Ahora hay paquetes preciosos, envueltos ordenadamente como uno hace con los regalos de Navidad, colocados en casi cada cuarto del edificio. Como un regalo, es una sorpresa el mirar adentro de una de esas cajas por primera vez.

Little Angels es una compañía de asistencia de salud para esos que viven con incapacidades de desarrollo severas. Al trabajar aquí como ayudante de enfermería certificada, tengo el privilegio de interactuar con estas pequeñas criaturas diariamente. Alimento, baño, y ayudo a los residentes con otras actividades de la vida diaria que otros darían por sentadas, por un hecho.

Todos los sábados por la mañana, cuando todavía hay una oscuridad y quietud afuera, yo manejo a mi trabajo. Proporciono cuidado, uno a uno, a los residentes asignados, en grupos pequeños de cuatro, los cuales poseen alguna forma de lesión cerebral severa. La mayor parte nacieron con estos deterioros mentales; uno los adquirió en un accidente de tráfico grave a los doce años. Muchos residentes no llegan a viejos, no sobreviven por encima de los treinta años debido a la función pulmonar gravemente dañada. A veces los padres vienen a visitar, y veo cómo los miembros de la familia abrigan cada momento con su niño y el sentido de fuerza que éstos demuestran sin saberlo.

Acepté inicialmente la oferta de empleo en Little Angels porque yo sentía la presencia de una gran oportunidad para mí de expandir mi experiencia clínica en un ambiente de asistencia de salud. Pero ahora, me doy cuenta que mis residentes me han enseñado clases de vida más valiosas que algún trabajo estéril puede ofrecer. Los individuos en Little Angels, a pesar de los desafíos que encaran día a día, todavía encuentran la felicidad por lograr sus objetivos. Las habilidades sencillas, como llevarse una cuchara a la boca o abotonar la camisa, puede tomar meses para que un residente las domine. Su perseverancia ante desafíos aparentemente insuperables, me inspira a esforzarme por lograr tentativas innumerables en el futuro próximo.

Mis pacientes me recuerdan cuán lejos he llegado. Por ser una inmigrante de San Juan, Puerto Rico, los Estados Unidos no ha sido una cosa fácil. El simple hecho de observar cómo tus padres han luchado por sobresalir en un lugar que no es el tuyo, extrañando el sol y la arena, con unas costumbres de convivencia más frías que el propio Chicago, e incluso el idioma, ya que mis padres siempre prefirieron hablar en español. Todo eso lo absorbes de niño, y ves las dificultades, sientes las frustraciones de tus padres. Sin embargo, yo he perseverado y he aprendido que el tener un buen trabajo depende de tu educación y del dominio del inglés. Después de que me gradúe de la secundaria, yo voy a asistir al Elgin Community College para tomar clases en la salud. Pienso continuar ayudando a las personas a lograr sus objetivos. Seguiré trabajando en Little Angels para pagar mi educación. Algún día, espero llegar a ser una doctora. Es muy fácil ignorar, entender mal o ridiculizar a los que encaran obstáculos, sobre todo si son diferentes a nosotros.

21. 9/11

Once de septiembre, estaba sentado en mi clase de cuarto grado. Todo se ve normal, como siempre. Al parecer, nadie debe esperar nada de verdadera importancia que esté por suceder. Todo mundo se acaba de ir a su trabajo, otros como yo a la escuela, a nuestra vida regular como cualquier otra persona, como cualquier otro día.

Esa percepción del mundo fue antes de que la maestra de sexto grado, en forma sombría, entrara y se volviera bruscamente hacia la televisión. Yo, junto al resto de la clase, me quedé mirando en silencio, paralizado por la importancia intrínseca cada vez que un adulto le da toda su atención a algo.

Probablemente no entendía los acontecimientos que tenían lugar en la pantalla, sin darme cuenta de la intranquilidad que se había apoderado de todo un pueblo de forma repentina en las últimas horas. A pesar de que era una niña, sabía que algo importante estaba ocurriendo. No sabía qué, pero simplemente lo sabía. La atmósfera misma me hacía poner atención e inteligencia en eso. No en un pizarrón o un libro, sino en ese aparato que no sabe contar sino casi siempre malas historias. Cuando la mente de la maestra de cuarto grado llegó nuevamente a nuestra clase, y por fin pudo hablar, nos dijo que alguien había bombardeado sólo el "World Trade Center": ¡Mucha gente había muerto! Las tres clases de cuarto, quinto y sexto grado se reunieron en una habitación. Un maestro esperó que todos nos sentáramos para luego corroborar lo que la maestra nos había dicho: aviones, fuego, confusión, y muerte, fueron sus principales palabras, o son las que como niños fácilmente pudimos entender en medio de nuestro miedo.

Nos agrupamos en una rueda e hicimos un momento de silencio. El mismo maestro nos preguntó si alguno de nosotros tendría o sabía de algún familiar que estuviera trabajando allí. No recuerdo si alguien respondió. El sombrío silencio respondió con más fuerza que cualquier palabra. No creo que hayamos hecho nada por el resto del día.

De niña no hubiera podido colocar una palabra junto a la otra sobre lo que pasó en ese 11 de septiembre. Pero ahora, mirando hacia atrás, me doy cuenta que ni una sola persona que entró en ese edificio tenía ninguna pista si iba a vivir o morir ese día. Sería ingenuo pensar que todos sabían que no vivirían un otoño más en la ciudad de Nueva York. Ningún clarividente me hubiera podido decir que ese día yo no haría nada de trabajo en la escuela primaria, y que eso no me pondría feliz, sino todo lo contrario, que me mataría un poco por dentro.

La muerte no se hizo para verse en televisión. A pesar de tantas y tantas películas violentas, una niña de primaria no piensa en la muerte como parte de la vida. Días después, las matemáticas volvieron a la mente en forma de vida, en forma de muerte. Número de muertos, daños en dólares, número de vuelos cancelados, cantidad de gente que llamó a sus seres queridos. "Hay un total de 86,400 segundos en un día, y tenemos que vivirlos, porque alguien está muriendo en uno de éstos". Los días de fiestas son grandiosos porque todo mundo está en ese mismo canal. La alegría se multiplica por el número de personas que celebran contigo. Lo mismo pasa con la muerte. Creo que algo que no se enseña en la escuela, ni en muchas casas, donde esperan que todo venga en los libros y de los maestros, es prepararte para esos momentos. Por mucho tiempo viví medio muerta, así como muchos muertos quedaron medio vivos por la prensa y la televisión quienes alargaron la noticia más allá del duelo y de los sentimientos. Es curioso que cuando creces de niño en este país todo lo que pase aquí parece ser de tu país, aunque no lo fuera.

Al entrar a la secundaria traté de empezar a vivir al máximo como si pudiera morir en cualquier segundo, sin reservas, pero sin excesos. Trataba que cada día fuera diferente que el otro, aprendiendo algo nuevo, hablando con alguien nuevo. Me vino a la mente que no iba a vivir con el temor a todo, pensando en consecuencias negativas, decidiendo con un "pero que tal si . . . .". No quería estar atrapada para siempre en el pantano de la duda, del temor. Mas no fue fácil. No estaba curada del todo cuando apliqué pensando que no iba a ser aceptada en la Wheaton Academy. Quería estudiar Relaciones Internacionales con énfasis en Derecho Internacional. Pero lo logré, ¡me aceptaron! Y ahora sí, desde ese entonces no dejo que nada me afecte, ni las ideas de otros, ni sus elecciones, ni nada, porque puedo confiar en mí misma, en que cualquier momento algo positivo puede suceder, sobre todo si tienes las herramientas de la educación contigo.

22. ACCIDENTES

Mi vida familiar siempre ha sido inestable. En primer lugar, mi estructura familiar es muy complicada. Mi mamá y mi papá se habían casado cada uno por su cuenta previamente. El tenía dos hijas mientras ella tenía uno, y luego ya juntos, me tuvieron.

Algunos de mis primeros recuerdos son de una persona en mi casa gritándole a la otra. A veces era una discusión tonta, como que una hermana tomó un juguete de otro. Pero otras peleas eran mucho más graves.

Mis padres siempre fueron lo peor de las peleas. Nunca parecían llevarse bien, y por alguna razón, yo nunca pude entender por qué. Los dos eran seres humanos sumamente normales reunidos en un matrimonio. Nunca tuvo sentido que ni siquiera pudieran ser amables el uno con el otro. Luchas que iban desde una disputa corta que terminaba en una noche de silencio, hasta las voces a los cuatro vientos, y llanto, y más gritos que en un partido de dos acérrimos rivales.

La peor pelea, sin embargo, vino hace ya bastantes años. Mi papá había peleado con una de mis hermanas, la que es su hijastra. Él había ido a parar dándole patadas a la casa, y más tarde, "accidentalmente", arrojó algunas de las cosas de ella almacenadas en el sótano hacia la calle. Las luchas entre mi papá y mi hermana eran terribles. Lo más trágico era que ninguno de ellos era completamente culpable o libre de culpa, y que mi madre hacia peor el asunto al ponerse automáticamente del lado de mi hermana. Lo que comenzó con un comentario insolente, pronto se convirtió en un duelo entre adultos con palabras venenosas contaminando el aire. Fui a mi habitación para dejar de oírlos. Después de un rato, que me pareció una eternidad, me decidí a salir, tenía que salirme de ahí. Crucé la sala donde estaban mis padres en medio de pedazos de esto y aquello. Luego me subí en mi bicicleta, y me alejé.

Después de esperar por un tiempo, decidí que probablemente ya era suficientemente seguro como para regresar a casa. Encontré a mamá decidida a abandonar la casa. Ella y yo terminamos yendo a un centro de almacenamiento para guardar el resto de cosas de mi hermana para que mi papá no las tirara. Mamá y yo estuvimos en silencio por un rato, y no sé exactamente cómo empezó. Nos pusimos a hablar. Finalmente le pregunté: "Bueno, en primer lugar, ¿por qué se casaron?

"Yo iba a romper con él, pero luego me enteré que estaba embarazada".

Espero que nunca tenga que sentir nunca más lo que sentí aquel día. Pensar que yo era un accidente terminó de romper mi corazón. Lo peor fue que yo empecé a sentir que todos los problemas que mis padres habían tenido habían sido culpa mía. Si yo nunca hubiera existido, entonces no habrían sino empujados el uno al otro de la manera en que estaban. Podrían haber sido felices. Yo llevé esa carga conmigo durante mucho tiempo, y para ser honesto, todavía se siente en mis espaldas a veces.

Últimamente he hablado con algunas personas acerca de esto, y me han ayudado a darme cuenta que no es mi culpa. Mi hermana probablemente fue quien me hizo sentir mejor. Ella me ayudó a entender que no importa cómo es que vine a este mundo, ella está contenta de que estoy aquí, y hay un montón de personas que se alegran también. Desde entonces, he tenido realmente grandes amigos, que me dicen el mismo tipo de cosas, y cada día se pone un poco menos difícil mi situación. Sin embargo, debido a la experiencia de mis padres, soy muy cauteloso acerca de la manera en que vivo mi vida. No quiero terminar como ellos, aun y cuando los quiero mucho, no quiero ser como ellos. No quiero ser infeliz, y nunca desearía que mi hijo se sintiera de la manera en que por mucho tiempo yo me sentí. Reconozco también que mis padres han hecho muchos sacrificios por mí, y se los agradezco, pero no me gustaría para nada repetir su error.

Todos los días trabajo un poco para sentirme a gusto con mi propio yo, sobre todo dentro de mi familia, tratando de ser la persona que quiero ser. He sobrevivido esa gran crisis de mis padres. Escribir sobre mis problemas, que más bien eran sus frustraciones, me ayudó a sobrellevar la ya de por sí crisis de la adolescencia, y las responsabilidades de la escuela. No sé ni cómo le hice. Creo que mi mérito fue simplemente no dejar de ir, no renunciar así como así. En este momento, a punto de graduarme de secundaria, tengo la intención de asistir al Agustina College, a estudiar escritura creativa en el otoño.

23. Myra, Una historia de la inmigración

Yo nací en la ciudad de México en enero de 1992. Yo vivía en un apartamento pequeño con mis padres y abuelos. Cuando yo era pequeña recuerdo que mi abuelo trabajaba como sastre dieciséis horas al día y mi abuela trabajaba como jefe de bajo nivel durante muchas horas al día. Mis padres eran muy jóvenes cuando nací y estaban tratando de obtener una mejor educación para poder encontrar una vida mejor. Un día mis padres estaban muy emocionados porque a mi papá se le concedió un permiso de estudiante para los Estados Unidos de América. Mi padre pensó inmediatamente en traer a su familia (a mi mamá y a mí), pero no a nuestros abuelos. Mas la promesa de mi papá fue que tan pronto como fuera posible los llevaría a los Estados Unidos. Yo estaba muy emocionado de mudarme al país del norte para conseguir una vida mejor, porque había oído que era una vida de lujo. Sin embargo, yo estaba triste que mis abuelos no podían moverse con nosotros a los Estados Unidos de América.

Después de muchos años de duro estudio y duro trabajo de mis padres consiguieron su título, un trabajo y, finalmente, pudo comprar una casa lo suficientemente grande para nuestra familia y mis abuelos. Poco después mi padre regresó a México para traer a mis abuelos. Al crecer, al fin entiendo que en los Estados Unidos la vida no es todo de lujo, sino un lugar lleno de oportunidades, la cuales tienes que aprovechar. Uno debe trabajar para su vida y mis padres me inspiran a trabajar tan duro como puedo para que pueda disfrutar de una vida mejor y ayudarlos en el futuro cuando sean viejos.

Uno de mis momentos favoritos fue cuando cumplí dieciocho años y pasé la prueba de la ciudadanía junto con mi familia. Al ser ya una ciudadana de los EE.UU. ya tenía el derecho a alcanzar mis propios sueños y ganar una buena vida en forma menos espinosa. También me puso feliz que al resto de mi familia se le concedió la ciudadanía. Ahora toda la familia puede buscar el sueño americano juntos, en paz. Estoy agradecida de que mi familia se le conceda esta gran oportunidad. También deseo que las leyes de inmigración no sean tan estrictas y que otros puedan tener la misma oportunidad que tuvimos. Me molesta que las personas que tienen la oportunidad de tener grandes vidas dan todo por sentado, mientras que los pobres ni siquiera tienen la mínima oportunidad. Muchos niños dan su libertad por hecho, hay muchas personas en el mundo que podrían morir sólo por tener la oportunidad de intentar cruzar la frontera y vivir lo que tenemos. He aprendido la lección y deseo compartirla con el resto del mundo.

Pienso que la educación es un aspecto importante de nuestra vida. Mis padres me habían demostrado que si trabajas duro en la escuela, puedes tomar tu vida en tus propias manos y hacerla mejor en lugar de confiar en los demás. Al igual que mis padres y los padres de ellos, yo trabajo duro para que la generación después de mí vaya a tener una vida mejor. En el futuro, estoy planeando asistir al ECC y esperar la transferencia a una universidad después de eso. Estoy muy emocionada de seguir adelante con mi vida y mis padres están muy orgullosos de mí. Espero que mi futuro resulte bueno y que el tuyo también, si así lo quieres.

24. La vida es una aventura

Al igual que mis padres y mi hermana, nací en Guadalajara. Mi vida ha sido toda una aventura. Durante mis primeros años, mi familia y yo viajamos por todo México debido al trabajo de mis padres. La vida empezó a hacerse como una aventura. Ahora la veo como que está a nuestra espera para ver cosas grandes y hacer lo que queramos hacer. Esto lo aprendí al viajar por mi país natal. El ver muchos lugares y conocer mucha gente nueva me abrió los ojos. Error muy grande de la gente de EE.UU es pensar que en México todos nos vemos igual: piel oscura, pelo negro, bajos de estatura, con botas y sombrero, y algo gorditos. Pero al igual que los Estados Unidos, México es un país muy diverso, con gente y lugares muy diferentes. Gran parte de la felicidad de mi niñez fue la oportunidad de experimentar todas estas diferencias.

Uno de los momentos más memorables de mi vida fue cuando mis padres y mi hermana trajeron nuestro perrito por primera vez un 30 de abril, el día del niño. El día del niño por desgracia no se celebra aquí, pero en muchos países latinos sí. Es un día que celebra la vida de los niños, y es casi tan grande al día de las Madres y del Padre. En muchos lugares se cancelan las clases, y hay fiestas donde muchos niños tienen piñatas y dulces. Incluso hay padres que también les dan regalos por su día. Por eso me regalaron el cachorrito, parte esencial de mi vida. Por eso el día del niño es algo inolvidable, por eso me encantan las tradiciones de México.

Sin embargo, cuando tenía nueve años, un nuevo capítulo en mi aventura comenzó. Siguiendo el consejo de un tío, nos mudamos a este país, teniendo que dejar a México, a sus fiestas y tradiciones. Mis padres estuvieron de acuerdo porque querían ver un nuevo mundo. Representó una buena experiencia para toda la familia, sobre todo para mi madre. Mi mamá tuvo la oportunidad de avanzar en su propia carrera. Ya que había la necesidad de enfermeras en los Estados Unidos, mi mamá tuvo la oportunidad de desarrollarse y crecer profesionalmente al convertirse en una enfermera bilingüe. La forma en que mi mamá tuvo que adaptarse para avanzar en su carrera me inspiró para que yo lograra triunfar en la mía. Creo que eso fue clave para que desde niña la educación forme una parte importante en mi vida. Por el ejemplo de mis padres, ahora es mi turno demostrarme a mí misma que el estudio es una forma de estar preparada para la vida. Mucha gente dice esto, muchos padres dicen esto, pero en realidad, muchos padres latinos no dan el ejemplo correcto, ni se aseguran que sus hijos realmente estudien. Se conforman con preguntar, ¿hiciste la tarea? ¿cómo te fue en la escuela? Pero nunca revisan sus trabajos ni tareas, ni qué decir de ir a la escuela a hablar con los profesores. Mis padres han sido muy conocidos en las escuelas en las que hemos estado.

Por eso me esfuerzo, para luego yo ser también un ejemplo para mis propios hijos para que vivan su propia aventura. Estoy muy emocionada al estar a punto de graduarme de la preparatoria o secundaria como también le dicen aquí en español. Estoy feliz de terminar pero más de empezar otra jornada en la universidad. ¡Voy a ir a DePaul! Aunque tengo la sensación que mi mamá va a tener ciertas dificultades al separarme de ella (¡y eso que sólo estaré a una hora de distancia!)

Yo estoy también un poco nerviosa pero menos que entusiasmada por vivir lo que será mi primera real aventura.

La vida te puede presentar acontecimientos inesperados, pero con una actitud positiva puede convertirse en un gran evento. Pasé nueve años viajando a través de México, y lo seguimos visitando año con año. Y aunque nos dolió un poco dejarlo, la educación de mis padres y su trabajo duro fue lo que los preparó para cuando la famosa "suerte" llegó. Tengo nueve años viviendo aquí en Estados Unidos, y no hemos desaprovechado las oportunidades que este gran país nos ha ofrecido. Quizá pensarás que nuestra vida como familia no ha sido tan dura como las de muchos otros inmigrantes. Fue la educación de mis padres, y el haber seguido su ejemplo lo que ha convertido mi vida en una gran aventura.

25. DAMARIS

¿Has oído eso que de lo malo puede salir algo bueno? Pues eso fue lo que les pasó a mis padres. Mi padre era agricultor en Puebla, México. La naturaleza le sonreía, pero un día, una bacteria destruyó las cosechas. Mi padre no se dio por vencido en la vida. Se vino para los Estados Unidos a trabajar también en el campo, que era lo que sabía hacer. Era el año 1972, y mis padres encontraron un mejor futuro pronto al arreglar por medio de las leyes de inmigración del campo, para luego más tarde convertirse en ciudadanos de este país. La ley de inmigración daba ventajas en ese entonces, y mi padre supo aprovecharla positivamente. El saber aprovechar las oportunidades y sobreponerse a lo malo es algo que he aprendido de mis padres, quienes me inspiran, y por quienes aprecio lo que tengo.

Yo nací aquí en Humboldt Park en el bello mes de septiembre. Y como buena mexicana de familia tradicional me festejaron mi quinceañera. Todavía no logro descifrar para quién es más importante, si para los padres o la quinceañera misma. Por ser católicos, el bautizo y la fiesta de los XV son dos de los eventos más importantes de una niña. Se trata de un paso de la edad en que una niña se convierte en mujer. Lo especial realmente para mí fue el poder ver a una gran parte de la familia que vinieron a mi celebración. El vacío que a veces se siente de no conocer a tu gente que se quedó allá, muchos primos y tíos, y la tristeza y nostalgia de tus padres de salir del país de origen, todo eso se transforma en una gran alegría en eventos como éste. Por eso fue un evento especial para mí, mismo que recordaré por el resto de mi vida.

Pero no todo es fiesta. La educación también forma una parte muy importante de mi vida. Es una gran manera de llegar a ser alguien en este mundo. Mis padres han logrado lo que tienen con mucho, mucho esfuerzo físico, mucho sudor, muchas lágrimas. Ellos me animan a que yo llegue a ser alguien importante en este mundo, y no ser alguien del montón, como dicen. Por eso es que logré terminar la secundaria con altas calificaciones. Asistiré a DePaul en el otoño para hacer el estudio general. Tengo interés en la psicología educativa y las ciencias políticas.

Estos años en la escuela han sido muy satisfactorios y he aprendido lecciones de la vida. Una es que debes de disfrutar de lo que tienes, además de seguir adelante y ser positivo. Un pensamiento que va muy de acuerdo con la vida de mi familia es el siguiente: "No todos siembran, pero todos cosechan".

26. DE REGRESO A CASA

Recuerdo como si hubiera sido ayer, cuando mis papás decidieron regresar a su lindo y querido México. No sé si suene exagerado pero yo estaba hecha un mar de lágrimas al enterarme que nos íbamos a regresar a México. Desde hace cuatro años atrás que empecé la preparatoria, había esperado ansiosamente que llegara mi último año. Tenía planes de estar por última vez en "el fashion show" y modelar mi colección, ir a "prom", al paseo en bote, y a la graduación. Mis padres estaban necios en que no me podía quedar yo sola en los Estados Unidos, más que nada porque era menor de edad.

La decisión de dejar este país fue tomada de la noche a la mañana, sin realmente haberlo consultado. Al enterarme, yo me quedé en shock. La idea de dejar este país para regresar a vivir a México no había cruzado mi mente, ni por un segundo. No era que no me gustara México, sino que ellos se querían ir para ya no regresar. La ida iba a ser para siempre. Yo no quería dejar a mi novio, mis amigas, ni todas esas metas que me había propuesto realizar después de terminar la preparatoria.

De que mis papás se iban a México, se iban, eso ya estaba dicho. Lo que yo esperaba era que entendieran que yo quería quedarme aquí. Entendía que por ser menor de edad, ellos no me podían dejar sola, pero en realidad había una simple solución. Yo le decía a mi mamá que muy bien podía ir a vivir a casa de mi hermana, de esa forma, no tenían que preocuparse. Cuando le sugerí mi plan, no me contestó con el ". . . está bien hija, te puedes quedar con tu hermana." Más bien me decía que mi hermana tenía sus hijos que cuidar y su esposo que atender. Además no tenía espacio en su casa para que yo me quedara a vivir. Al escuchar a mi mamá decir esto me desanimó mucho, miraba que no iba ver forma de hacerlos cambiar de pensar. Traté de hablar con ambos seriamente pero tampoco. No estaban de acuerdo en que me quedara. Lo único que me quedaba por hacer era rezarle a Dios.

Era una mañana tranquila, el sol no podía brillar más y yo sentía una tristeza grandísima decir adiós. Estaban tocado la puerta de mi cuarto," Soy yo hija, ábreme," me pedía mi mamá. Entonces le abrí, y se sentó junto a mí en la cama. "Hija, me duele mucho hacer esto porque te quiero mucho, y quiero tenerlos a todos cerca, pero yo sé que sabrás cuidarte muy bien . . . confío en ti." Mis papás finalmente habían aceptado que me quedara a vivir con mi hermana.

Fue una noticia dulce—amarga. Por un lado me daba mucha alegría y felicidad que no tendría que dejar de ver a mi novio, ni a mis amigas, pero por el otro, no iba a ver mi papás ni a mis hermanitos. Tendría que viajar en avión o manejar por día o dos para ir visitarlos.

Ya van más de nueve meses desde su partida. Los extraño mucho a todos, pero afortunadamente existen los benditos teléfonos. Simplemente tengo que marcar a México para platicar con ellos. Que me cuenten cómo les va, qué han hecho, cómo están mis hermanos, mis abuelos, y para yo contarles cómo me va en la escuela, con mi novio, si me siento bien o si estoy cómoda viviendo en casa de mi hermana, etc. Además les prometí a mis papás que les llamaría lo más posible y sé que pondrían el grito en el cielo si se me pasara llamarles, siquiera el fin de semana.

Este próximo mayo 23 va hacer mi graduación. Estoy muy emocionada y aunque mis padres y hermanos no estarán presentes en la ceremonia, estarán presentes en mi mente y corazón.

27. Y VIVIERON INFELICES PARA SIEMPRE

Sin duda, lo más difícil que he tenido que enfrentar en mi vida ha sido el matrimonio de mis padres. Como era común en nuestros países latinos, mis padres se casaron muy jóvenes. Con decirles que yo nací cuándo mi mamá tenía tan sólo quince años. Dejó de ser una niña, para convertirse en esposa y mamá. Mis padres decidieron emigrar a los Estados Unidos cuando yo tenía tres meses de edad. Venían con la esperanza de realizar el sueño americano, pero eso no pasó. Al contrario, vivíamos una pesadilla, pues mi papá empezó actuar muy violento con mi mamá. Al punto de llegarla a maltratar físicamente muy a menudo. Lo más doloroso era que mis hermanas y yo mirábamos cómo la golpeaba y le gritaba, sin nosotros poder pararlo. Al último, mi mamá tuvo el valor de enfrentar a mi padre. Al saber que mi mamá se iba de la casa con nosotras, se puso furioso. El decía que no lo permitiría y nuevamente empezó una pelea de palabras.

Lo que hizo que mi mamá dijera," Hasta aquí llegó todo esto" fue cuando mi padre me golpeó. Inmediatamente mi mamá me cogió de la mano y se dirigió hacía mis hermanas, y también cogiéndolas de la mano, nos dirigió hacia la puerta. Nos íbamos para no regresar nunca más. El cruzar esa puerta simbolizó nuestra liberación y una nueva vida por empezar.

Mi mamá afortunadamente no se negó al amor. Es cierto que con mi padre pasó los peores momentos de su vida, pero iba ser una historia hasta más triste, si ella siendo todavía una mujer joven, hubiera decidido cerrar las puertas de su corazón. No todos los hombres eran iguales, no podía juzgar a otro y decir que era un mal hombre, sólo por lo que pasó con mi padre. En su destino se cruzó un hombre que la iba a ser muy feliz. Ese hombre es mi padrastro, pero no me gusta llamarlo así, porque él me ha demostrado lo mucho que quiere a mis hermanas y a mí, y lo feliz que hace a mi mamá. El sí se merece escuchar la palabra "papá". Él sí ha sabido ser un gran papá y un magnifico esposo.

No sé si algún día podré perdonar a mi padre. Lo que sí sé es que hasta el día de hoy, me desagrada muchísimo, y trato de no recordar mi niñez. Por la misma razón, de que me llegan a la mente, recuerdos de cuando él estaba muy borracho y empezaba a reclamarle a mi mamá por cualquier cosa, hasta llegarla a golpear. ¿Podrías tú perdonar a una persona que hizo tu vida infeliz, que te dañó, y que no respetaba a nadie, ni a su propia familia?

He aprendido mucho de estas horribles experiencias. Primero que todo, una no debe casarse a tan temprana edad porque aún no tiene claro lo que quiere en la vida. El matrimonio es una decisión que se debe de tomar muy en serio. Además, he aprendido que una mujer puede sacar a su familia adelante, no debe depender de un hombre, mucho menos, si este hombre no te respeta como mujer. Nosotras también podemos educarnos, trabajar y sostener la familia como cualquier hombre. Al igual, que los hombres nosotras también podemos anhelar una carrera y ser toda una profesional. Mi mamá ha sido un ejemplo de lucha y superación. Ahora me está dando todo su apoyo para entrar al colegio. Por eso estoy a punto de graduarme. Por eso estoy decidida a romper la cadena negativa de mi familia y no poner eso como pretexto para abandonar la escuela. Claro que no.

28. LO ESPERADO E INESPERADO DEL 2007

Yo no sabía que un "baby shower" pondría tan contenta a una futura mamá. Verónica y yo nos conocimos en el noveno grado y desde entonces hemos sido mejores amigas. Compartíamos los mismos gustos en la ropa, música, comida, y teníamos muchos planes para realizar después de que nos graduáramos, entre ellos estaba ingresar al colegio.

Era nuestro último año cuando ella supo que estaba embarazada. Cuando ella recibió la noticia, yo no le di la espalda. Sabía que había sido una irresponsabilidad de parte de ella en no cuidarse, pero yo no era nadie para juzgarla.

Los meses pasaron. Mis amigas y yo empezamos a hacer planes para sorprenderla con un "baby shower". No teníamos mucho conocimiento de qué hacer en una fiesta de ese tipo, pero tratamos de hacer nuestro mejor esfuerzo. Tuvimos que decidir en qué lugar íbamos hacerlo, las decoraciones y el menú. Había muchas cosas que hacer pero muy poco tiempo. Llego el día tan ansiado. Nancy, Lucero, Cintia y yo estábamos muy emocionadas. Decidimos celebrarle finalmente su "baby shower" en casa de Nancy. Habíamos invitado sólo a nuestras amigas más cercanas, de ese modo, no tuvimos que encontrar un lugar tan espacioso. Mi amiga Lucero, Cintia y yo llegamos a casa de Nancy cuatro horas antes de que empezara todo. "Apúrense," exclamaba Lucero. Fue difícil decorar la sala cuando éramos cuatro chicas que no nos poníamos de acuerdo con las decoraciones. "Eso no se ve bien allí . . ." se escuchaba alrededor. "Mejor ponlo allá . . . no mejor acá," decía Nancy.

Mientras que ellas decoraban decidí llamarle a Vero. La convencí que fuéramos al centro comercial, pero primero teníamos que recoger a Nancy, que también le había hablado previamente. Si íbamos a casa de Nancy, por esa razón no sospecharía nada. Cuando llegamos a casa de Nancy, tomé mi celular y le llamé. Inmediatamente me contestó Nancy.—"Ya estoy aquí Nancy . . . estás lista?" Le dije. Vero sólo esperaba en el asiento viendo los niños jugar al futbol. "Voy a entrar a tomar un vaso de agua, ok"—le dije a Nancy, ya que sí hacía mucho calor. En realidad quería tener una excusa para entrar con Vero. Entonces las dos entramos a la casa de Nancy. Tan pronto abrimos la puerta, "¡Sorpresa!" Vero no podía creer lo que miraban sus ojos. Sus amigas habían hecho todo esto para ella. Me dio un abrazo y me dijo "Muchas gracias, Betty." Después fue a darle un abrazo a cada una de las muchachas presentes. Estaba tan emocionada que se miraba que en cualquier momento una lágrima le iba rodar de la mejilla.

Entonces empezamos a comer," Yo cociné todo" dijo Nancy. Todas nos reímos porque sabíamos que ella era un peligro junto a la estufa. Había sido su mamá en realidad, quien nos hizo el favor de cocinar la comida. Tiempo después, empezamos con los juegos. Se escuchaban risas por aquí y risas por allá. Me sentía muy feliz porque al final todo nos había salido a la perfección. Sin duda, Vero se sentía muy alegre por las consideraciones que se habían tomado sus amigas. Además, le habían encantado los regalos que le habían dado sus amigas para su futuro bebé.

El año 2007 fue muy especial para mí. En marzo, llegó al mundo el bebé de mi mejor amiga. En mayo fue mi graduación, por supuesto, Verónica también estaba presente, como debía ser. Su experiencia nos sirvió a todas. Si ella no se rendía a pesar de lo que le pasó, nosotras menos. Además, siempre nos estuvo advirtiendo que ni pensáramos que ella nos iba a ser un "baby shower" para pagar el favor. "Al menos no en muchos años, no se atonten."

Toda mi familia estaba presente en la ceremonia. Me tocó primero que Vero subir al estrado a recibir mi diploma. Con una gran sonrisa en mi rostro recibí mi diploma. Finalmente Vero. ¡Lo hicimos!

Luego en el otoñó, empecé asistir al colegio, lo cual es muy diferente a ir a la preparatoria. En el colegio cada quien tiene su horario. No todos entran a las 7:40 de la mañana y salen a la tres de la tarde como en la preparatoria. Hay estudiantes que trabajan en las mañanas, y van al colegio en las tardes. Es responsabilidad de los estudiantes de asistir a clases. Cada quien toma los cursos necesarios para recibir su título. Mis profesores me dicen que estoy haciendo un gran trabajo en clase. Espero seguir haciéndolo, para orgullo de mis padres y de mis grandes amigas como Vero.

29. LA LLEGADA DE LA CIGÜEÑA

Yo no estaba tratando de quedar embarazada para atrapar a mi novio, como ocurre con alrededor del treinta por ciento de los casos. Cuando me enteré, me sorprendí y me dio mucho miedo. Tenía miedo de lo que mis padres iban a decir o pensar. No sabía si iban aceptar a su hija con un bebé. Después de saber que estaba esperando, me aguanté casi una semana antes de decirle a mi mamá. Ella estaba muy enojada por haber quedado embarazada a tan temprana edad, sin haber terminado todavía mis estudios. Gracias a Dios, mi mamá pudo perdonar mi irresponsabilidad. Además, sabía por experiencia propia que una mujer en ese estado necesitaba de mucho cuidado y cariño de parte de sus familiares. No podía darle la espalda a su hija, menos en estos momentos. Mas sin embargo, no pasó lo mismo con mi papá. Él estaba furioso conmigo y a la vez la noticia le había causado una gran tristeza al saber que su hija de tan sólo 17 años se iba convertir en mamá.

Los primeros 5 meses de embarazo no fueron diferentes a la forma en que me sentía antes de quedar embarazada. Además del las náuseas por la mañana, no sentía nada en absoluto. Mi imagen no mostraba rastros de estar embarazada, hasta el cuarto mes, e incluso entonces, se podía ocultar fácilmente. Durante mi embarazo, continúe asistiendo a la preparatoria Elgin. Para no tener ningún problema con la gestación de mi bebe, dejé de trabajar cuando llegué al séptimo mes. Afortunadamente no tuve ninguna grave complicación durante el embarazo. Finalmente llego el día, habían llegado las contracciones. Era hora de dar a luz. De inmediato mi novio recogió lo necesario y me llevó de la mano hacia el coche. Llegamos al Hospital Alexis a eso de las dos de la tarde. Edwin nació el 30 de marzo del 2007. El nació sano y lloró inmediatamente. Tenía una cabeza llena de hermoso cabello castaño oscuro, grandes y magníficos ojos marrones y pesaba 7 libras 4 oz. Nunca había visto algo tan hermoso como él. "Es la mayor bendición que me pudo haber mandado Dios" decía yo. Ninguno de los dos teníamos palabras para describir la alegría de su nacimiento, ni tampoco la felicidad que nos daba al abrazarlo por primera vez. Fue un momento glorioso, mi hijo representaba el inmenso amor entre Juan y yo.

Se preguntarán si me gradué de la preparatoria. Pues sí, termine el último año y recibí mi diploma. Me sentía muy orgullosa de mí misma porque aunque me embaracé seguí con mis estudios. Por suerte, no llegué a contemplar la idea de salirme de la escuela. Sabía que iba ser más cansado el día cargando una pancita a todas mis clases, pero gracias al apoyo y cuidado de mis amigas se me hacía menos estresante. "¿Cómo está la futura mamá?" me decía mi amiga Silvia cada mañana cuando llegaba a la clase de economía. Al escuchar a mis amigas preguntar cómo me sentía, me daba mucha calma. Yo sabía que podía contar con ellas mis amigas. No me juzgaban por haber quedado embarazada, más bien me daban mucho apoyo, pero también me daban entender que un hijo era una responsabilidad muy grande y que tenía que estar preparada. Sin embargo, ellas me aclaraban que iban estar conmigo cuando necesitara una manita ¡Pero yo no le voy a cambiar los pañales. Vero, ese regalito te toca a ti! me decía mi amiga María bromeando.

La experiencia de ser madre ha cambiado mi forma de ver las cosas. Por ejemplo, ahora comprendo la preocupación que le causa a una madre cuando un hijo tiene fiebre, dolor de cabeza, o un resfriado. Tú quieres tener súper poderes para quitarle todo estos dolores en un dos por tres, pero como eso no es posible tienes que saber muy bien qué medicina darle y si desafortunadamente se pone más grave, pues llevarlo al doctor de inmediato. Al igual, tengo que darle una dieta balanceada para que esté fuerte. Además, tengo que enseñarle de sus raíces latinas. No debo de olvidarme que tiene que saber no sólo inglés pero también español. Además, sé que le ayudará en el futuro al igual que me ayudó a mí. Yo nací en Chicago y desde muy pequeña me enseñaron a hablar ambos idiomas. Fue una gran ventaja que tuve porque sabía expresarme en inglés y español. Sin duda alguna me ayudó mucho en la escuela.

La llegada de mi hijo ha sido de mucho aprendizaje y también de muchos momentos memorables. Desde su nacimiento, sus primeras palabras, y primeros pasos, todo ha sido, sin duda, recuerdos que llevaré conmigo siempre. Espero seguir ahí a su lado para ver muchos de sus logros en este mundo.

30. JUVENTUD . . .
DIVINO TESORO

Me acuerdo que me encantaba levantarme por las mañanas a arreglarme para irme a la escuela. En la preparatoria de Streamwood conocí nuevas amigas, además disfrutaba mucho de mis compañeros de clase y maestros. Desafortunadamente la amistad y la diversión se fueron convirtiendo en mis prioridades.

En la escuela intermedia estuve siempre en el cuadro de honor. Sin embargo, no fue la misma historia en la preparatoria. Debo de reconocer que mis amigas me convencían fácilmente, "Vamos a saltarnos la clase de ciencias, Claudia" me decían mis amigas. Como yo no quería quedarme sola, ni ser la "aguafiestas" del grupo, seguía con los planes de saltarnos la clase. Varias veces nos salimos de la escuela y nos fuimos a casa de una amiga. Estas decisiones obviamente afectaron mis calificaciones causando que no estuviera en el cuadro de honores donde usualmente estaba mi nombre.

A mis amigas les encantaba salir en las tardes a platicar, ir al parque, ir a casa de una amiga o dar la vuelta en el carro. Yo hacía mi tarea pero si teníamos un examen el día siguiente, no me sentaba a estudiar o repasar lo que habíamos aprendido porque no tenía tiempo. A duras penas terminaba con los problemas de matemáticas. Me tomaban mucho tiempo . . . tiempo que yo no quería desperdiciar haciendo tarea . . . yo quería ya salir a divertirme con mis amigas. Solía acostarme muy tarde lo cual causaba que estuviera con sueño el próximo día y a la vez causaba que no estuviera al cien por ciento concentrada en la lección del día.

Sabía que debía empezar a pensar en mi futuro . . . en el mañana. No podía seguir siendo tan irresponsable. Además debía empezar a pensar si realmente me iba a esforzar en el colegio. La decisión de aplicar al colegio fue muy complicada porque no tenía nada en mente, no sabía qué quería estudiar. No había encontrado una carrera que me llamara la atención o algo que yo soñase estudiar desde muy joven. Pero no . . . no sabía . . . sólo un grandísimo signo de interrogación que se formaba en mi mente. Tal vez esa fue la razón por lo cual no estaban tan emocionada por ir al colegio. Estaba indecisa y poco motivada realmente, pero sabía que mis papás estaban muy contentos con la decisión que tomé de entrar al colegio. Asimismo, sabía que tarde o temprano, llegaría a mí la carrera que escogería para estudiar.

Como buenos padres que son siempre me decían que hiciera mi mejor trabajo en la escuela y me recordaban que con la educación que estaba obteniendo, muchas puertas se abrirían en mi vida. Ahora comprendo que la educación es importante y es vergonzoso saber que muchos desperdician la oportunidad que se les da de ir a la escuela. Lo digo por experiencia propia porque yo por querer divertirme todo el tiempo, puse en riesgo mi calidad como una buena estudiante. Afortunadamente, no llegué a reprobar ningún grado y llegué a enfocarme en mis estudios. Siento que maduré . . . tarde, pero maduré. No todo en la vida puede ser diversión. Hay tiempo para eso; pero también tenemos que hacer nuestras labores sean en la escuela o en el trabajo, pero se deben de completar. Gracias al apoyo de mi familia me va muy bien en el colegio. Ahora que ya voy al colegio he olvidado mis hábitos de no estudiar y no concentrarme en las lecciones. Todo eso quedó en el pasado.

31. Persiguiendo el Sueño Americano

"Cuídense mucho por favor y llámenme lo más pronto posible para que pueda saber que llegaron bien," exclamó mi abuelita. Mi papá ya había colocado las maletas en el coche. Sólo faltaba lo más difícil . . . la despedida. Mi mamá ya tenía los ojitos llorosos de la gran tristeza que le causaba el decir adiós a su gente querida. Con un fuerte abrazo y un beso en la mejilla cada uno de mis hermanos se despidió de nuestros abuelitos. Mis papás también se despidieron, pero trataban de expresar que era un "hasta luego y no un adiós." Llegamos al aeropuerto a eso de las once de la mañana en un día soleado de agosto. Mi primera impresión del aeropuerto fue que era grande, con muchísima gente entrando y saliendo. Yo nunca había entrado a un aeropuerto en mi vida. En la sala de espera, con mi familia, observaba que aviones aterrizaban mientras otros despegaban. Del mismo modo pensaba: ¿Cómo se sentirá al estar arriba? Me estaban llegando los nervios, minuto a minuto. Finalmente llegó el momento de abordar el avión. Decidí sentarme con mis hermanitos y escoger el asiento junto a la ventana. Por suerte no me sentí mal durante el vuelo, más bien lo disfruté viendo la película *La momia*. Al terminarse la película me tomé una siesta mientras aterrizaba el avión en California. Pasó una hora y entonces escuché susurrar a mi mamá "Dalia, hija, despiértate, ya llegamos." Habíamos llegado a San José, California.

Al bajar del avión observé que el aeropuerto era muchísimo más grande que el anterior. Mi papá ya tenía todo preparado para nuestra llegada a casa de mi tío, donde nos íbamos a alojar por mientras. Mi papá no sabía con certeza el tiempo que nos hospedaríamos en esa casa. Durante nuestra estancia en casa de mi tío, me gustaba ver los programas que pasaban por la televisión, aunque no les entendía "ni papa", me relajaban. A mis papás les dio mucho gusto que tratara de aprender algo de inglés. One, two, three, four . . . y así poco a poco aprendí a contar hasta el cien. El alfabeto también llegué a aprendérmelo con facilidad. Sin embargo no fue todo color de rosa, hubo momentos tristes en donde me acordaba de mi familia, mis amigos, mi hogar y de "Macho," mi caballo que solía montar en el campo. Así mismo me preguntaba: ¿Cuándo regresaremos a Guerrero?

En el año 2001, mi familia se mudó a Elgin. Me acuerdo claramente cómo fueron mis primeros días en quinto grado en la escuela elemental de Oakhill. Asimismo, me llegan a la mente los ataques del 9-11, día que Estados Unidos tuvo que enfrentar el terrorismo, en casa. Yo había llegado a clase, cuando vi que la maestra escuchaba muy atenta las noticias donde mostraban imágenes de las "Torres Gemelas." Honestamente no sabía qué había pasado pero ahora comprendo que fue un día aterrador donde miles de vidas inocentes se perdieron y definitivamente marcó al país y al mundo para siempre.

De eso han pasado ocho años, ahora estoy a punto de finalizar mi último año de escuela superior. Estoy muy orgullosa de este logro . . . ¡ya no aguanto las ganas de que llegue mi graduación! Sé que voy a extrañar mucho a mis amigas y amigos que tomarán otros rumbos tratando de lograr sus sueños, pero seguiré en contacto lo más posible con todos. Igualmente voy a extrañar a mis compañeros de clase que me hicieron reír, enojar, pero también completar excelentes trabajos en conjuntos y por qué no . . . a mis maestros. Además voy a extrañar las prácticas de fútbol y los partidos que teníamos dónde poníamos todo de nuestra parte para ganarlos. Me llevaré todas estas memorias para siempre en mi mente. ¿Cómo pueden haber muchachos que dejan todo esto por tonterías como las drogas o pandillas? Una de mis metas a lograr en lo profesional es ir al Colegio Comunitario de Elgin. Espero que me vaya espectacular en el colegio y en todo lo demás que llegue a mi vida.

32. LA VISTA HACIA EL NORTE

Cierra tus ojos . . . ahora acuérdate de cuando eras una pequeña ¿Están tus padres presentes en algunos de esos recuerdos? Sin duda los padres son una parte fundamental para el desarrollo de los hijos que necesitan del cariño y amor de ellos. ¿Te imaginas cómo hubiera sido tu vida si uno de tus papás no hubieran estado junto a ti en tu niñez? Lamentablemente mis papás tuvieron que dejarnos cuando éramos unos niños. Ellos emigraron a los Estados Unidos para encontrar un trabajo, asimismo mandar algo de dinero a la familia. Esto es común en los países de Latinoamérica. Por lo habitual es el padre quien deja a su esposa e hijos. Entonces: ¿quién se hizo cargo de nosotros en ausencia de mis papás? se preguntarán. Mis abuelitas fueron las que tomaron el rol de nuestros progenitores. Ellas nos cuidaron en nuestra niñez. Vivíamos en Ciudad Barrios, San Miguel allá en mi lindo El Salvador. Me encantaba correr alrededor de los bellos parques con sus preciosas flores creciendo en plena primavera y los pajaritos volando a su alrededor. Además solía trepar árboles . . . era muy activa desde pequeña. Hasta que un día me caí de un árbol y me lastimé. Tengo una cicatriz en mi rodilla . . . es un recuerdo no muy agradable de mi niñez que llevaré para siempre. También me encantaba montar a caballo en el campo. Me relajaba ver el lindo paisaje y que el viento tocara mi piel.

¿A quién le gusta sentarse y escuchar historias de momentos felices, tristes, cómicos, nostálgicos, o extraños? A mí me encantaba escuchar a mi abuelita contar historias de su vida. Me sentaba junto a ella y escuchaba atentamente hablar de su vida: A qué jugaba cuando era pequeña, si era muy inquieta, si era alegre, si era tímida, si era impaciente, qué le gustaba jugar, qué le gustaba comer, cómo se portaba, hacía enojar a sus papás, o si era tranquila, cuáles eran sus sueños? Me contaba cosas así de su niñez y juventud. Gracias a ella aprendí a escuchar atenta lo que los demás me platican de sus vidas. La extraño mucho y espero regresar a visitarla a El Salvador muy pronto. Ahora vivo en Elgin y asisto a la preparatoria Elgin. Este es mi último año . . . se va acercando el día mi graduación. Asimismo, me llegan a la mente memorias de cuando entré a la escuela intermedia Canton. Había llegado a este país ese mismo año. Tenía que aprender un idioma, historia, y geografía desconocida para mí pero . . . ¡Lo logré! . . . aprendí el inglés y todo lo demás con mucho esfuerzo y perseverancia. En mi tercer año de preparatoria me cambiaron a clases regulares.

Antes de asistir a la preparatoria Elgin asistí a la preparatoria de Streamwood. Tenía muchas amigas, y me encantaba el ambiente. Cuando recibí la noticia de que ya no iba asistir a esta escuela, me sentí muy triste porque tenía que despedirme de mis amigos y maestros. Tenía que empezar nuevamente a hacer amigos, iba a tener nuevos maestros, y además iba a tener que aprender los alrededores de otra escuela: ¿dónde estaba mi clase de ciencias, de matemáticas, dónde estaba la cafetería, dónde están los baños, la oficina principal, la oficina de consejería, etc.? Me puso súper nerviosa el primer día pero sobreviví. Ahora ya tengo más amigas, me llevo muy bien con los maestros y soy parte del equipo femenil de fútbol de la escuela. Siempre me ha encantado el fútbol y estoy muy, pero muy, feliz que soy parte del equipo. Aunque no siempre tenemos un gran partido, yo trato de poner todo de mi parte para marcar un gol, o para hacer una gran jugada en conjunto. También he aprendido qué es la responsabilidad, el esfuerzo, y la perseverancia. No es nada fácil levantarte temprano para ir a prácticas, o tener un día difícil en la escuela y todavía tener un partido pendiente por jugar, pero yo decidí ser parte del equipo porque me gusta el juego y además me he esforzado mucho para ser parte de él ¿Por qué renunciar ahora?

33. Un pasado maravilloso, un presente luchador, y un futuro emprendedor

¿Te acuerdas cuando cumpliste los quince años . . . no fue un momento memorable porque ya no eras una niña, sino una joven muchacha con muchos sueños por realizar? Era una linda mañana de sábado. Estaba en mi cuarto y miraba que los rayos del sol traspasaban las cortinas de la ventana. Estaba sentada mientras me peinaban. Yo quería tener un lindo peinado para mi fiesta de quince años. Al finalizar con el peinado me abroché mi collar y me puse mi vestido. Era un largo vestido color azul bajo, sin tirantes, largo, y con volumen en la parte de abajo. Mis zapatillas fueron lo último por ponerme. Bajé las escaleras lentamente para no tropezarme o pisar el vestido. Salí a tomarme algunas fotografías con mi papá que se miraba muy elegante con su traje negro y corbata color vino. Mi mamá se miraba radiante con su vestido negro y su pelo recogido. Por supuesto que no puedo dejar a un lado a mi hermano Carlos y a mi hermana Araceli. Ellos también se miraban muy guapos vestidos apropiadamente para la ocasión.

Cuando llegamos a la iglesia San José, el reloj marcaba las 11: 40 de la mañana. Mi familia, padrinos, y chambelanes estaban presentes. Entramos a la iglesia y escuchábamos atentamente al padre durante la ceremonia religiosa. La misa finalizó a la una de la tarde. Entonces los padrinos se tomaron unas fotografías afuera de la iglesia. Mis papás querían que fuéramos al Lord's Park para tomarnos más fotografías con los chambelanes. La idea no fue muy agradable porque la celebración de la Independencia de México, era el mismo día de mi fiesta de quince años. El parque estaba repleto de gente con sus familias. En el último momento, decidimos no tomar fotografías afuera para no perder más tiempo. Teníamos que llegar a tiempo a la ciudad de Oswego, lugar donde iba tomar parte la recepción y el baile. Llegó el esperado momento de bailar el vals. Comencé a bailar el vals acompañada de mi papá y después entraron mis chambelanes. Todo salía excelente. Después, llegó el momento del baile sorpresa. Yo escogí bailar una bachata del grupo Extreme. Me encantó la coreografía, y creo que también a los invitados presentes ya que aplaudieron muy alto. La noche fue maravillosa, todos los invitados y yo bailamos al sonido del DJ. Se escuchaba la cumbia, merengué, R&B, bachata, y norteñas. Un poco de todo, para que no se aburrieran de sólo un ritmo. Además no tener excusa para quedarse sentando toda la noche por no agradarles la música. Yo me la pasé realmente de maravilla con mis amigos y familiares cercanos. Fue la fiesta de quince años que soñé y deseé siempre tener.

Dos años después, todavía tengo muy presente en mi mente ese día tan especial. Sé que no se me va olvidar nunca . . . y aunque pasen los años hasta llegar a ser una viejita, tendré mi álbum de fotografías y el video para recordarme de ese día tan espectacular. Estoy ahora en el último año de la preparatoria. Mis papás están muy orgullosos de que su hija . . . la bebé de la casa, se vaya a graduar muy pronto. Ellos siempre me motivaron a que me enfocara en la escuela y que obtuviera buenas calificaciones. Debo de reconocer que hubo ocasiones donde no seguí sus recomendaciones. Hubo ocasiones donde no hice mis tareas porque no tenía ganas o tiempo y la dejaba para después. Eso causó que mis grados bajaran mucho, por la misma razón, de que no entregaba mi trabajo a tiempo. Afortunadamente este año, mi meta fue sacar buenas calificaciones para aumentar mi promedio de notas. ¿Y saben qué? Lo estoy cumpliendo, lo cual me hace sentir muy orgullosa. Además empecé a trabajar en la Jewel-Osco hace dos meses atrás. He aprendido a balancear mi tiempo a mi ventaja. Trato de terminar mi tarea durante el período que tengo libre para estudiar o durante el almuerzo cuando termino de comer. Ahorita tengo dos B's y tres A's en mis clases. Ojalá que no me llegue la irresponsabilidad nuevamente. ¡Qué horror! La vida no es sólo una quinceañera. Hay que trabajar para seguir adelante. Y me siento orgullosa de mí misma que después de mi fiesta no salí con `domingo siete` como pasa mucho entre las hispanas. Mis metas son ir al Colegio Comunitario de Elgin este otoño y recibir mi título de asociados en contabilidad.

34. CONOCER ES AMAR

Sólo tenía dos años cuando mis padres dejaron nuestra natal República Dominicana para venirnos a los Estados Unidos. Aunque mis padres no tenían mucho dinero, mi familia podía subsistir con poco. No nos importaba tanto lo material. Pero llegó el día en que mi padre ya no pudo encontrar trabajo ahí, así que decidió moverse para tener una vida nueva.

Cuando empecé la escuela, no hablaba inglés. Sólo hablaba español y por eso no pude tomar clases regulares. Yo tomé clases bilingües. Yo no era un niño regular. Para un gran número de gente adoptar la lengua de los Estados Unidos no es fácil. Ahora sé que no es su idioma oficial, pero tienes la obligación de aprenderlo para no sentirte marginado. No me gustaba el inglés. Necesité de mucho tiempo, de mucha práctica en casa, para poder hablar, leer y escribir inglés en la escuela. Cuando empecé el tercer grado, ya pude tomar clases en inglés. Ya era un niño regular.

Mi maestra de tercer grado me cayó bien. Ella me ayudó mucho con las matemáticas. Muchos temas no fueron fáciles para mí. Pero ella se dio la manera para trabajar tiempo extra conmigo, en forma individual, y aunque lentamente, finalmente aprendí.

En el cuarto grado, un día vi la orquesta de Bartlett High School, cuando ellos fueron al Hawk Hollow a tocar. Todavía hoy recuerdo la madera limpia y brillante de los instrumentos y los arcos vibrando a través de las cuerdas. Cómo me impactó la ropa elegante, negra, bien portada de los miembros de la banda. En ese momento, me di cuenta que quería tocar el violín.

Por horas y horas practicaba el violín. Toqué en todos los conciertos de la escuela, y ahora considero que toco muy bien. Antes de todo esto, yo no sabía que me gustara la música clásica. Creo que ahora entiendo el significado de la frase CONOCER ES AMAR. Cuando una amiga de mi preparatoria me mostró la primera sinfonía de Dimitri Shostakovich, ¡supe entonces que no podría vivir más sin la música clásica! La primera nota que la trompeta tocó me dio escalofrío. No fue como Bach o Beethoven, fue diferente. Fue rápida y con emoción. El segundo movimiento me dejó aturdido. El "solo" del violín fue fantástico. Ser capaz de tocar el violín me importó más que ninguna otra cosa en el mundo. La sinfonía primera de Shostakovich, me dio una razón para tocar el violín, para fijarme una meta, para buscar lograrla en base a muchas, muchas horas de práctica, que a diferencia de cuando aprendía inglés, esto era por voluntad propia, por el encantamiento y admiración por la música clásica.

Es justo reconocer también al maestro de la orquesta de mi high school, quien también me ayudó mucho. Gracias a su apoyo, el próximo año voy a asistir la Northern Illinois University para seguir estudiando el violín, pero ahora profesionalmente. Tengo un poco de miedo, pero confío en que me va a ir bien. Mis padres no pueden pagar mi universidad. Pero fui capaz de ganar becas gracias a mi esfuerzo en el nivel académico y a la habilidad que adquirí para tocar el violín.

Hay muchos idiomas en este mundo. La mayoría de ellos separan razas humanas. Mas el idioma de la música me unió a mucha gente de diferente color, pelo y ojos que viven en este maravilloso país. En el futuro, quiero tocar en una orquesta sinfónica. Recibir dinero haciendo algo que yo amo es un sueño para mí, que lograré también gracias a que mis padres decidieron darnos una vida nueva.

35. Un gran modelo de vida

Mi familia viene de Chihuahua. Mi madre estaba embarazada de mí cuando mis padres nos trajeron a todos mis hermanos y hasta a mi abuela a los Estados Unidos para encontrar trabajo. Fue muy difícil para una familia grande como la nuestra encontrar una casa, pero la ciudad de Elgin fue muy amable con estos inmigrantes mexicanos. Fue entonces que me tocó nacer en esta ciudad de Illinois.

Mis hermanos siguieron sus estudios. Mi hermano mayor empezó a trabajar en una tienda para instalar radios y partes electrónicas a los coches. Mi segundo hermano empezó a trabajar en un restaurante como un mesero. Y gracias a su gran trabajo y esmero, ahora es el gerente de ese mismo restaurante. Parecía que todos se habían adaptado a su nueva ciudad, y sabían lo que querían, todos menos yo, quien paradójicamente era quien había nacido aquí en los EE.UU. Al crecer y entrar a la Elgin High School no podía encontrar una razón para estudiar, o completar mis estudios. No veía una meta para mí.

Pero todo cambió cuando empecé a jugar fútbol americano en mi preparatoria. Mi entrenador, el Sr. Ledbetter, me hizo trabajar muy duro. Él confiaba en mí, por eso me exigía mucho. La primera semana, vomité tres veces. Pero mi entrenador no me permitió dejar el equipo. En nuestra primera temporada, ganamos cinco partidos, ¡marca mejor que el año anterior! El deporte se volvió parte importante de mi vida. Tanto, que en la primavera me uní al equipo de atletismo. Hice lanzamiento de bala. El entrenador Ledbetter fue mi entrenador otra vez. Por la confianza que me inspiró, hablé con él sobre mi futuro. Mi entrenador no tuvo una solución mágica o concreta, pero me dio un consejo: Haz lo que a ti realmente te guste hacer. Sin embargo, hasta ese momento no sabía qué era lo que me gustaba más que no fuera el deporte.

En los años que jugué fútbol americano e hice el lanzamiento de bala, seguí teniendo tanta admiración por el Sr. Ledbetter que quería ser como él. Una vez le pregunté que qué había hecho antes de ser entrenador. Fue entonces que me habló sobre los infantes de marina.

¿La razón de que el Sr. Ledbetter era muy fuerte? Los infantes de marina. ¿La razón de que el Sr. Ledbetter era muy honesto? Los infantes de marina ¿Por qué él era valiente y estaba saludable para una persona de su edad, además de ser un gran maestro y entrenador? Yo entendí que todo eso se lo debía a los infantes de marina. No pensé en ir a la universidad, porque sabía que mi familia no podía pagar por una carrera, y menos si escogía algo extravagante o poco común; sin embargo, los infantes de marina podrían pagar por mi universidad.

Mi madre no quería que me uniera a los infantes de marina, pero al mismo tiempo ella deseaba fervientemente que yo fuera a la universidad. En el otoño, voy a asistir a la Universidad de Millikin. Gracias a mi pasión y talento en el fútbol americano, y gracias a que tuve un modelo a seguir como mi entrenador, es que voy a iniciar mi formación básica para luego continuar en mi carrera de la vida. "Denme un punto de apoyo, y moveré al mundo" dice una frase famosa. Yo lo tuve en el Sr. Ledbetter.

36. ISMAEL

Cuando tenía aproximadamente cinco años me di cuenta que iba a necesitar lentes para ver. Nunca me imaginé de ninguna manera que mi vista estuviera un poco de mal. Pero sí me acuerdo parpadeando a cada momento. Mis padres notaban también que siempre me forzaba para ver ciertas cosas. Estaba en mi clase de kindergarten, donde había veintiocho estudiantes sentados coloreando en sus libretas sobre lo que habíamos hecho el verano anterior. De repente una señora que nunca había visto en mi vida entró al cuarto y habló con mi maestra. Mi maestra nos dijo que nos paráramos y nos formáramos. Caminamos en una fila derecha y callada hasta llegar a la biblioteca. Había varias mesas con libros, y algo que parecía como un telescopio. Mas todo eso era realmente tecnología para checar tu visión y capacidad para oír. Inmediatamente me sentaron en una silla en frente de este raro instrumento. Primero me puse audífonos y me dijeron que alzara la mano cada vez que oía un ruido que se sonaba como el silbido de un carro; los sonidos variaban en intensidad, un poco bajos y otros me hacían brincar. No creo que haya perdido ningún ruido. Después tomé el examen de visión. Necesitaba poner mi cara tocando la máquina para ver diferente símbolos adentro. La señora me dio las instrucciones en forma muy clara: yo necesitaba indicar en la dirección que el símbolo de la letra E estuviera apuntando. Pero repentinamente, al poner mi cara adentro, supe que iba a tener problemas. ¡No podía ver nada! Lo único que vi fueron puntos de luz sin definición. Como resultado de eso, le dije a la señora que no podía ver los símbolos. Pero creo que no entendí las instrucciones porque me las dijo otra vez. Entonces le dije otra vez que no podía ver los símbolos. Por fin me creyó, y me mandó a la casa con una carta para mis padres explicando que necesitaría lentes. Desde ese día entonces he usado lentes.

Desde el principio, los lentes y yo no hicimos buena pareja. Me divorcié de la idea de ponérmelos y por eso siempre los dejaba en mi mochila a propósito. Cuando uno es niño es tierno, es alegre, pero a veces también es cruel. En la infancia uno se fija mucho en los aspectos físicos de los demás, si son gordos, altos, flacos, pecosos, para luego ponerlos apodos o sobrenombres, y burlarse de ellos. Yo no quería ser llamado "cuatro ojos", "bizco" o "Armando Hoyos". Batallé mucho en la escuela; me costaba más trabajo que a los demás el leer o escribir; no porque fuera un tonto, sino porque no veía bien. Pero valía más mi orgullo, mi autoestima emocional que mi parte intelectual. Al llegar a casa, sí los usaba y entonces me ponía al corriente con las tareas y lecturas. Claramente, unos simples lentes fueron la parte menos brillante de mi escuela elemental y educación media. En high school, ya usé lentes de contacto.

Mi papá me ha dicho que cuando era pequeño era un poco travieso y yo nunca me he imaginado que fuera así (aunque acepto lo de esconder los lentes). Pero sí me acuerdo de los fines de semanas cuando iba a la panadería con mi papá. Me iba a acostar bien temprano los viernes y sábados porque quería despertarme temprano. Casi todos los fines de semana mi papá se levantaba a las seis para ir a comprar el pan del día. Lo escuchaba cuando abría la puerta del baño, en ese momento yo sabía que me tendría que parar y arreglar para ir con él. Los fines de semana era el único tiempo que podía acompañarlo ya que los días de semana se iba a la panadería después del trabajo. Disfrutaba el tiempo que pasaba con mi papá en el camino hacia la panadería. Siempre éramos los primeros en llegar. Mi papá se tomaba su tiempo checando cada aspecto del pan para estar seguro de que su familia tuviera el mejor pan. Lo veía, olía, y sentía. Y cuando alzaba la cabeza sabía que ya había encontrado el pan del día.

Mi papá siempre ha proporcionado a su familia hasta el último detalle. Por él soy la persona que soy hoy. Ahora entiendo que mi apariencia física no es más importante que lo intelectual. De hecho, aprendía a ver que todo cuenta (como con el pan). Papá siempre me ha apoyado en todo lo que quiero y he hecho. Me apoya a estudiar, me dice que nunca me preocupe del dinero porque mi responsabilidad es de los estudios. Ahora planeo estudiar negocios y finanzas en la universidad de DePaul.

37. JENNIFER

La guerra empezó en el 2004 cuando mi madre fue diagnosticada con cáncer. Ella siempre había sido muy fuerte y nunca necesitaba ayuda para nada. El cáncer fue el examen que probó su fuerza. Por tres largos años, mi madre luchó contra este terrible mal. Ella nos demostraba a la familia que la vida era muy importante, y que no debíamos darnos por vencidos cuando los tiempos fueran difíciles. Cada día, mi mamá estaba preocupada con síntomas de la quimioterapia o la radiación pero ella jamás se quejaba. Jamás pensé que un día mi madre no fuera capaz de luchar más pero ese día llegó. El cáncer tomó posesión del cuerpo de mi madre y con esto, estaría cortando de golpe la cabeza, las manos, todo lo que movía a mi familia. Estábamos devastados. Toda mi familia se convirtió en un equipo que había luchado por una sola causa, la vida de mi madre. Cuando mi madre murió, nos dejó un dolor tan intenso como el propio cáncer.

Mi madre era mi mejor amiga. Cuando ella perdió la vida, perdí las ganas de vivir; no quería vivir sin ella. Yo sabía que mi madre estaba en el cielo sin el horrendo dolor del cáncer, y eso me tranquilizaba, pero parte de mí se enfurecía porque ella no estaba conmigo. No podía creer que mi familia tenía sólo cuatro personas en vez de cinco. Mi madre era una gran parte de mi vida y mi corazón. Mi vida cambió mucho después de su muerte. Tuve más responsabilidades, como cuidar a mi hermana menor y combatir con los quehaceres con mis hermanas. Perder a mi madre fue muy difícil pero a la vez fue un momento de aprendizaje. Aprendí cómo ser fuerte y qué tan importante es tener una familia cercana y unida.

Nunca pensé que mi vida podría tener felicidad otra vez después de que mi madre fuese diagnosticada con cáncer. Siempre estaba triste por los malos pensamientos que llegaban a mi mente. Pero un día, encontré a alguien que me dio esperanza y que cambió my vida para siempre.

Estaba en un campo de jóvenes con mis primas y el espíritu de Dios me llamó. El pastor del campo preguntaba a toda la gente en el campo si alguien quería poner su vida en las manos de Jesús Cristo. Mi cerebro no comprendió completamente de qué estaba hablando pero mi corazón sabía. Cuando yo decidí que quería vivir una vida para Jesús, yo sentí una paz que no puedo explicar. Lágrimas llenaron mis ojos y sentí como si Dios estuviera abrazándome. Esa decisión fue la mejor decisión que yo he hecho en mi vida.

Jesús Cristo me da fuerza y felicidad cada día de mi vida. Cuando yo estoy solitaria o triste, recuerdo a mi Salvador. Él me ama en todas circunstancias. El amor de Dios llena mi cuerpo y me da motivación para vivir una vida con propósito. La mejor parte de una vida con Jesús es que yo puedo ser positiva a pesar de todo lo que pasa en mi vida. Puedo contar la historia de mi madre a toda le gente que yo conozco y puedo hablar de la fuerza de Dios. La escuela ha sido muy difícil sin una madre pero puedo ir a Dios con todas mis preocupaciones. Me dio la fuerza para no usar mi dolor como excusa para perderme en vicios, o dejar la escuela. Él me ha dado la paz para poder concentrarme en las tareas y exámenes. Ni todos los amigos del mundo hubieron podido haber logrado eso. Por eso decidía hablar con mis amigos y otros estudiantes en mi escuela del poder de Dios y del impacto que hizo en mi vida. Es raro que un joven hable de Dios, sobre todo sin haber estado en la cárcel o cerca de la muerte. Pero mi cercanía a la muerte espiritual por lo de mi madre fue el canal para encontrar la verdadera razón de vivir.

Ahora ya estoy a punto de graduarme. Después de la preparatoria, planeo atender el colegio de Wheaton para estudiar y convertirme en una profesora. He querido ser maestra desde que nací. Tengo una pasión por ayudar a estudiantes y enseñarles que una educación es un gran regalo. Espero que yo pueda ser un modelo de positivismo.

38. MAYRA

Habíamos estado despiertos desde la madrugada esperando su llegada. La espera de horas se sentía como si fueran años. Las palmas de mis manos estaban sudando en anticipación. Esto cambiaría todo y a todos. Pensaba y soñaba con él desde el momento que mi mamá me dijo que tendría otro hermano. Cada vez que pensaba en él sentía el retorcijón de tripas como cuando estás bajando una montana rusa. Era maravilloso y emocionante. Y me apretaba mi estómago sólo al pensar en él. Mi hermano mayor Uber estaba al lado de mí y me preguntó, "¿no te vas a vomitar, verdad?" y contesté con una sonrisa, "no! Sólo estoy entusiasmada." Aunque debo admitir que la idea de que ya no iba ser la bebé de la familia no me agradó para nada. Pero cuando entré al cuarto de mi mamá y vi a mi hermanito, sabía que era real y hermoso. Tenía la nariz de mi papá y la boca de mi mamá. Era un nuevo miembro de esta familia y de nuestro corazón. Hoy en día mis hermanos son mi vida, no sé qué sería de mí sin ellos. Pero el tiempo va pasando. Y ya no teníamos los problemas divertidos y entretenidos de niños. Habíamos llegado a nuestra adolescencia. Sabía que unas cosas estaban raras en la casa ya que podía sentir la tensión. Cuando todos estábamos juntos se convertía en una situación embarazosa. En esos momentos trataba de evitar estar con mi familia, cerraba la puerta de mi cuarto, evitaba salir ya que sabía que estarían allí, y hasta trabajaba más horas. Sentía que evitar a mis padres y a mis hermanos era una forma de evitar los problemas, las discusiones, y el mal ambiente que se respiraba ahí. ¿Qué había pasado? Ahora estaba solitaria, pero en lugar de hacer algo acepté vivir y estar sola.

Aunque aceptaba la idea de estar sola todavía admito que lo extrañaba. Extrañaba hablar con él ya que a él, le podía decir todo. Él era el que aliviaba mis preocupaciones y estrés. Aunque a veces no sabía qué decir, tenía una forma de hacerme sentir protegida y que todo iba a estar bien. Un día, mientras la manilla de mi puerta se volteaba y luego ver la puerta abrirse, me levanté con el pensamiento que era él. Mi estomago sintió un gran vacío cuando vi que era él el que estaba abriendo la puerta. Se veía humilde en una forma y también como un soldado cuando ha perdido toda su gloria. Su cara expresaba el pavor que estaba sintiendo y la culpa y problemas que lo seguían. Con una cara risueña me preguntó, "¿quieres ir por una caminata?" Yo sonreí y lo seguí. Era tarde en la noche y caminábamos sin dirección y sin palabras o ruido. Yo comenté sobre qué tan lindo estaba el clima, qué bonitas se veían las luces de la ciudad y qué tan tarde era. Él simplemente asintió con la cabeza y sonrió después de cada comentario. Era obvio que tenía mucho en su mente, mucho que quería decirme pero lo estaba dudando. Sentí el frío mientras nos alejábamos de la casa. Miraba inexpresivamente al camino que nos venía. Las luces de la calle hacían la noche verse hermosa. Mientras varios carros pasaban y partían hacia la calle y cada carro iba a diferente dirección y lugar. Mis ojos se llenaron con lágrimas mientras pensaba en mi camino. El camino en frente se veía largo y sin fin. Tenía una dirección pero me faltaba un destino. Cerré los ojos y seguí caminando, cuando de repente me dijo, "Hey! Perdón que no he estado ahí, sé que me has necesitado. Te quiero y quiero que sepas que siempre serás lo primero, mi hermanita." Lagrimas salían y caían en mis mejillas, cuando abrí mis ojos, vi que él también estaba llorando. "Sé que cosas no están bien en casa, pero todavía estoy aquí. Sé que eres mejor y que harás grandes cosas en tu vida, pero necesito que creas en ti como yo creo en ti." Todo ese camino había sentido el frío y por primera vez sentí un poco de calidez. Encontré orientación en él, hacia mi camino. Pensé en la pérdida de mi hermano ya que no viviría en casa; pero ahora entendía que no importaba, siempre estaría ahí. Fue entonces que volví a trabajar duro en la escuela.

Mis hermanos me dan el empuje final que necesito para seguir adelante. Me dan la motivación para seguir mis sueños. Después de graduarme de la preparatoria, planeo estudiar en la Universidad de Illinois en Chicago y ser una farmacéutica. Ojalá pueda encontrar la receta para tener mi propia gran familia.

39. NYDIA

Mi papá había vivido en los Estados Unidos aproximadamente dos años antes que decidiera traernos aquí. Yo personalmente quería quedarme en México, con mi abuelita y el resto de mi familia. Todos los días antes de irnos en nuestro viaje para acá, lloraba y me enojaba cada vez que oía el tema. No quería irme de un lugar conocido y agradable para mí. Pero al fin ya era muy tarde, ya estaba en camino hacia el cruce de la frontera. Tenía cinco años y mi hermano menor tenía tres. Nos desplazábamos a pie con mi mamá, papá y dos de mis tíos, y dos o tres "coyotes". Era diciembre y los días eran soleados con vientos fríos. Todo era desierto, sólo unas pocas plantas en el camino. Por fin llegamos hacia el río Grande, en ese momento no sabía que así se llamaba; pero en mi mente creí que ese nombre era porque el río estaba enorme. Como mi hermano y yo éramos muy pequeños, mi tío Marcos me llevaba sostenida encima de sus hombros y mi hermano estaba en los hombros de mi papá. El agua estaba fría, y sentí el espíritu alegrarse al ver que ya estábamos cerca de llegar a tierra otra vez. Pero de repente oímos sirenas y en la distancia vi una camioneta blanca con unas palabras escritas en inglés en la puerta de la camioneta. Se bajó un hombre de piel blanca con lentes del sol y con una gorra puesta y nos comenzó a preguntar cosas en inglés. Pero nadie entendía inglés, entonces contestábamos en español, creo que esto los hizo enojarse más. Como consecuencia de eso, un agente de inmigración agarró a mi mamá del brazo y le puso una pistola dirigida a su cabeza. Comencé a gritar y llorar. Traté de correr hacia ella, pero mi tío me estaba agarrando. En ese momento no me acuerdo cómo ocurrió, pero sí tengo presente que la empujó hacia nosotros y se fue. En ese momento corrí hacia ella y la abracé llorando, no la quería dejar ir.

Pasó el tiempo. Ahora ya soy una adolescente, casi adulta. Por tres años seguidos he sido parte de un grupo llamado RYLA que es una organización para jóvenes que son líderes. Consiste de un fin de semana donde hay actividades que ayudan a uno explorar y aprender cualidades de ser un líder. Recientemente el mes pasado fui a esta reunión. Estaba sentada en la cafetería comiendo mi almuerzo que era una nada saludable pero deliciosa pizza de pepperoni. Vi al director Shawn aproximándose hacia mi mesa. No vi nada raro con eso, ya que lo vi hablar muy bien con todos y era común que estuviera ahí. Sacó una silla y se sentó enfrente de mí y me preguntó, "¿Qué vas a hacer los próximos años, durante este tiempo?" Yo no tenía idea por qué me estaba preguntando eso, pero le contesté diciéndole qué estaría estudiando. El director respondió diciendo "porque quiero invitarte a ser un consejero de esta organización. Sé que tú eres una persona que estaría perfecta para esta posición." En ese momento no pude contener mi felicidad y sonríe diciendo, "por supuesto quisiera regresar como una consejera." En ese momento se paró y dirigiéndose a todos los que estaban presentes, les explicó que yo era la primera persona desde hacía ocho años que le pedía que fuese una consejera. Todos aplaudieron y me felicitaron. En ese momento me di cuenta de que él vio algo en mí y que creyó en mí. Me sentí muy orgullosa, luego pensé en mis padres.

Los padres escogen y buscan el mejor lugar para vivir. Los hijos no. A nosotros no se nos pregunta un derecho tan básico. Pero es precisamente por los hijos que algunos padres toman la decisión de dejar su tierra familiar por buscar algo que se piensa es mejor, por más que se sufra para lograrlo. Mis padres me trajeron a los Estados Unidos para poder darme todo lo que ellos no tuvieron, querían darme la oportunidad de hacer todo lo que yo quisiera. Por eso mi educación es muy importante para mí. Con esto pienso pagar los esfuerzos de mis padres. Yo tengo el sueño de un día convertirme en una doctora. Pero por mientras estudiaré medicina en un colegio de comunidad.

40. RAÚL

Era un día de otoño cuando las hojas caían al suelo al punto que cubría todo el piso. Por eso es que mi mamá nos pidió que juntáramos las hojas. Salí afuera con mis dos hermanas. Eso fue antes que mi hermana Cecilia se fuera de la casa. Mis hermanas ponían todas las hojas en un montón, mientras yo era responsable de recoger las hojas y ponerlas en una bolsa. Mientras hacíamos la labor, me comencé a aburrir. Quería brincar en las montañas de hojas, tirarlas a todos lados. Y sin pensarlo, comencé a tirar, patear, y jugar en las hojas. Mi mamá siempre decía que yo era un buen niño excepto que a veces tenía mis momentos, y creo que ese fue uno. Mientras jugaban mis hermanas me vieron y me comenzaron a corretear. De repente, María me agarró y me comenzó a girar bien fuerte hasta que mis pies ya no tocaban el piso. Cuando paró de girarme me caí en un montón de hojas, por tan mareado que estaba. Todos nos estábamos riendo. Es una de las últimas memorias que me recuerdo de los momentos cuando vivía con mis hermanas.

Aunque mis hermanas, María y Cecilia, me llevan aproximadamente diez años, sé que siempre podré contar con ellas. Aunque a veces sus consejos no son los que quiero oír pero al fin del día es el consejo que necesitaba. Me he sentido afortunado porque siempre he tenido mis dos padres presentes en mi vida. Pero al mismo tiempo siento que pelean mucho, entonces no estoy seguro qué tan afortunado de verdad soy. Mis hermanas crecieron en México con mi mamá y su papá, a quien llamaban Papa Heliodoro. Yo sólo lo llamaba abuelo.

Era una mañana hermosa ya que el sol iluminaba toda la casa y el cielo estaba claro, sin ninguna nube a la vista. Me levanté de la cama con la idea de ver mis caricaturas favoritas mientras disfrutaba de comer "Cocoa-Puffs" con rebanadas de plátano. Abrí la puerta de mi cuarto y oí un llanto viniendo del baño, supe que algo estaba mal. Mientras pasaba por el pasillo volteaba a ver los cuartos que estaban vacíos y noté que el llanto venía precisamente del baño. Cuando llegué a la puerta, tenía miedo y sentía un dolor en mi estómago porque sabía que era algo serio. Fue entonces que abrí la puerta y vi a mis hermanas con mi mamá llorando. Mi mamá me agarró y me abrazó.

Tenía ocho años cuando mi abuelo se murió. Me sentí triste pero no podía llorar. ¿Cómo podría llorar por alguien con quien sólo hablé por teléfono unas poca veces. Pero eso no significaba que no era importante. Él era el padre de mi mamá y la persona que moldó las personalidades de mis hermanas. Me gusta pensar que él fue el guía de mis hermanas. Ahora que entiendo un poco más de la vida y la muerte, comprendo que el hecho que alguien tan cercano a ti fallezca es mil veces peor cuando no pudiste estar con esta persona en sus últimos momentos de vida, y de lo desgarrador que es para el alma de quien no pudo ni siquiera asistir a su funeral. La distancia, el dinero, la falta de documentos para viajar, todos esos bemoles los sufren muchos inmigrantes aquí en los Estados Unidos.

Sé que los tiempos cambian y las cosas pasan, pero siempre recordaré los momentos especiales. Me graduaré de la secundaria pronto y planeo estudiar en la Universidad de DePaul que se encuentra en Chicago. Ya que está cerca, seguiré viviendo en casa con la familia para no perder ninguna oportunidad de estar presente en los momentos memorables. Tampoco quiero estar lejos en los momentos tristes. Planeo estudiar para un día ser un director de arte. Y quizá ayudar a proyectar todas esas cosas de la vida.

41. SONIA

Era un día nublado y estaba lloviendo todo el camino hacia Toluca donde vivían mis abuelos. El camino era largo y todos estábamos cansados y algunos estaban durmiendo. Cuando de repente sentí un impacto y mi cuerpo resaltó. Me sentí como una muñeca de trapo ya que no tenía control de mi cuerpo. Abrí los ojos para ver lo que había pasado, pero los abrí para ver que habíamos chocado. Lo primero que hice fue buscar dónde estaba mi hermanito Emmanuel. Estaba llorando incontrolablemente. Todos nos salimos del carro menos mi hermana Gabriela. Estaba seria y tenía una expresión sin emoción. No sabía qué tenía y cuando iba a acercarme a mi mamá me dijo que me quedara a lado ya que necesitaba que cuidara a mi hermana Melissa y Emmanuel. Había carros que paraban a ver y preguntar si necesitábamos ayuda. No podía ni contestarles, estábamos llorando, no por dolor físico, sino porque sabíamos que algo estaba mal con Gaby. De repente llegó la ambulancia. La pusieron en la cama con ruedas y la subieron. Todos nos fuimos con ella. Gaby tenía torcido el tobillo y un tremendo dolor de espalda.

Mi mamá y papá se quedaron con ella mientras mi tío nos llevó a la casa de mis abuelitos. Estuvimos allí por cuatro días sin ver a mi hermana. Cuando regresé al hospital a ver a Gaby, no me importaba nada más que ver cómo estaba. Entré al cuatro donde estaba acostada, y no pude contener mis lágrimas. Ella estaba sonriendo, sin señas de tristeza y tratando de hacernos reír con chistes sobre su pelo y la comida. En ese momento sabía que mi hermana era muy fuerte y la admiré por eso. Sentí que íbamos a salir de esta experiencia y hasta más unidos. Y así fue.

Hoy, por fin llegué a casa después de ir a una sorpresa de cumpleaños en la casa de mi amiga Aridai y de ir a un servicio comunitario. Ya era tarde y tenía que arreglarme para la celebración con mi familia. Me apuré a estacionar la camioneta de mi mamá, y agarré el correo. Entré y noté que había un sobre grande de una universidad que apliqué. Volteo a ver a mi alrededor y me di cuenta que todos estaban en la cocina. Corrí hacia mi cuarto cerré la puerta y abrí el sobre. Adentro había una carta que decía que había sido aceptada a la Universidad de Illinois en Chicago. Estaba feliz y también aliviada de la duda de qué haría después de la preparatoria. Ahora sabía que iba ir al colegio y seguir mi sueño de hacerme una enfermera y un día, cirujana. Comencé a pensar todas las cosas que he hecho en mi vida, las memorias y experiencias. Ya soy un adulto y tendré más responsabilidades. De repente mi hermana abre la puerta y dice "Sonia! ¿Qué haces? Apúrate ya casi van a venir!" inmediatamente me levanté y me fui a bañar.

Este fue el día que cumplí dieciocho años. Toda mi familia estaba presente incluyendo mi tío Francisco, mi tía Eustoria y mis abuelitos que vinieron de México. Hasta mis amigas más cercanas. Llegó el tiempo de cortar el pastel y era la parte que no estaba anticipando ya que siempre lloro cuando me cantan "las mañanitas". Y este año no fue una excepción, lloré por toda la canción y como resultado salí en todas las fotos con los ojos rojos e hinchados. Pero es un día que voy a recordar por el resto de mi vida.

Ahora aún siendo muy joven puedo entender que el que siembra poco, recoge poco, y el que siembra mucho, recogerá más. Claro que no faltan las tormentas, o la falta de agua. Pero he aprendido, y seguiré aprendiendo.

42. YESENIA

Aunque era el cumpleaños dieciséis de mi hermana Citlalitl, no había ninguna preparación o planes especiales, era un día normal. Me encontraba caminando hacia la sala donde podía escuchar el ruido de mi hermano Nico y de mi madre quien estaba discutiendo. De repente oí un ruido como si niños estuvieran jugando y tirando piedras afuera en el patio. Me recordó uno de los momentos cuando yo era pequeña y jugaba con mis hermanos. Tenía aproximadamente doce años, estaba en la sala con mis hermanos, Espiridion, Citlalitl, y Xiomara. Estábamos platicando y riéndonos. Después salió mi hermano Nicolás del baño exclamando: "¡Hey! ¡Vengan a ver esto! ¡Mi popó está bien grande!" Y todos nos paramos para ver el "espectáculo". Citlalitl se acercó al baño, y no pudo aguantar su asco, que resultó vomitándose a un lado de mí. Como consecuencia, me vomité enseguida, y cuando Nicolás vio, se vomitó hacia la ventana, cayendo todo eso afuera donde Espiridión lo vio. Fue inevitable que se vomitara también. Increíblemente, por el hecho de ver a todos vomitando, llevó a Xiomara a sentir asco también, e irremediablemente, terminó haciendo lo mismo que todos (guac, me da asco de sólo acordarme).

Pero cuando llegué a la sala, me di cuenta de que las piedras eran el resultado de ese ruido. Mi mamá y Nicolás estaban en el piso acostados. No sabía qué hacer o lo que estaba ocurriendo en ese momento, hasta que mi padre salió del baño, y me dijo que me agachara. Entonces supe que era algo serio, y que alguien estaba disparando hacia nuestra casa.

Como resultado de todo esto, mis hermanos mayores, Nicolás y Espiridión, se fueron de la casa. Desde que estaban pequeños ellos se hacían responsables de cuidarnos mientras nuestros padres trabajaban y hasta ayudaban con los pagos de la casa. Cuando me enteré de su decisión de irse, mi reacción inmediata fue el pensar en cuánto los iba a extrañar. Segundos después me di cuenta que yo sería la mayor y que toda mi vida iba a cambiar. Tendría que ayudar más en la casa, ayudar con los pagos, y otras cosas por las que niñas de mi edad normalmente no se preocuparían. Hasta entonces mi única y mayor responsabilidad era sacar buenos grados. Ahora era el momento de ayudar a mantener a una casa, una familia. Era mi responsabilidad comprar las cosas necesarias para la casa, como la comida. Pero como no teníamos carro, y no sabía manejar, tenía que tomar el autobús, y cargar todas las bolsas hacia la parada del autobús, una vez a la semana. En esos momentos aprecié todo lo que mis hermanos mayores hicieron por mí, y me di cuenta de cuánto los extrañaba.

Aunque tenía más responsabilidades, nunca se me olvidará la importancia de la educación, ni mis metas. Cada semana, los miércoles, iba a la clase del programa para niños con talento (*Gifted*). En una de esas ocasiones, estaba junto a los otro ocho estudiantes viendo la película El mago de Oz (*Wizard of Oz*). La película trata de una niña quien quería regresar a casa. En su camino se encuentra a diferentes personajes que están buscando diferentes cosas, y van en búsqueda de eso. Cuando se terminó la película, la maestra Ms. Jackson nos preguntó: "¿Qué aprendieron de la película?; ¿Tienen un comentario sobre lo que ocurrió?" Toda la clase estaba muda. Entonces alcé mi mano y dije: "Oh, yo sé. Todos eran diferentes, y necesitaban algo diferente, pero al final se complementaban." Una sonrisa iluminó el rostro de Ms. Jackson mientras me decía 'buen trabajo". Después de terminar las actividades me dijo que era una niña muy brillante y que quería que continuara en el programa "Gifted" en el siguiente año escolar. ¡Brinqué de alegría! Fue entonces que atendí el programa hasta el octavo grado, aplicando a la academia "Gifted" en la preparatoria, misma a la que todavía hoy pertenezco.

Siempre he tenido grandes sueños y ambiciones que no fueron cortados por los problemas familiares. Desde chica dije que quería ser presidente de los EE.UU. Aún hoy en día me gustaría hacer una carrera en ciencias políticas, buscando hacer una diferencia en la comunidad.

43. VANESSA

Dicen que en Texas todo es más grande, de eso no estoy segura pero sé que ahí está lo que ocupa más espacio en mi corazón y eso es mi familia. Cada año anticipo el invierno ya que significa que iré a Texas a visitar y pasar las festividades con la familia. Normalmente pasamos una semana con la familia de mi mamá y la otra con la familia de mi papá. Un día mientras la pasaba con la familia de mi papá en Eagle Pass, Texas fuimos a visitar mi tía Mely. Ella tenía un rancho que era un terreno grande con muchos árboles de pacana, caballos y hasta una burra. Ahí estaba toda la familia presente, pero mi atención se enfocó en los caballos que eran altos, y su color era una variación de negro y café. Creo que mi fascinación era notable ya que mi tío Elías se me acercó y me preguntó, "Vanessa quieres subirte al caballo?" mi tío Elías me subió y me dijo que mantuviera las manos en la silla mientras él movía el caballo por las riendas. Después de un momento me sentí muy cómoda, y quise andar en el caballo sola. Todo iba bien hasta que el caballo pasó por una piedra que me hizo brincar, y entonces mi pie resultó pegándole al caballo. Eso es la señal para que el caballo vaya más rápido. En efecto el caballo comenzó a correr. Yo teniendo diez años y siendo esta mi primera experiencia en un caballo, tenía demasiado miedo y estaba a punto de llorar. Pero jalé la rienda, y poco a poco se fue calmando, y mi tío corrió hacia mí y me bajó. Todos me comenzaron abrazar y besar, me sentí querida. Mi familia siempre será lo más importante en mi vida.

Ver a mi familia feliz es lo que me ayuda seguir adelante con mis metas y ambiciones. Cuando termine la secundaria planeo ir a la universidad de Aurora y graduarme como una enfermera. Anteriormente quería ser una maestra. Pero eso cambió cuando mi mamá tuvo a mi hermano. Ya que me di cuenta que no tenía paciencia. Pero fue así que me di cuenta que no quería ser una maestra. Entiendo que la salud es algo muy importante y quiero informar y ser una diferencia.

Recientemente tuve que decir adiós a un miembro de mi familia. Mientras caminaba hacia el hospital, lo único que podía hacer era rezar. Rezar para que todo esté bien y que salga bien. No entendía porque está en el hospital, apenas vi a mi primo Artie el miércoles pasado y todo estaba bien. Llegué al cuarto de espera, no había nadie sólo mi familia. Mi prima Jessica estaba llorando, y no podía hacer nada para cambiar eso. Estaba sentada en una banca en una esquina del cuarto y mi hermano me estaba agarrando mi mano. Sentía su mano temblorosa y sentía sus lágrimas cayendo en mi piel. Pasó un rato aunque se sintió como una eternidad y llegó el doctor acompañado con una enfermera. En ese momento deseaba con todo mi corazón que todo estuviera bien, le pedí a Dios con todo mi corazón que Artie estuviera bien. Pero sentí un vacío sentimiento en mí, y algo me decía que él ya no estaría con nosotros. El doctor explicó que Arturo ya no estaría con nosotros. Todo a mi alrededor se hizo un poco nublado, me sentí como si no podía respirar, no podía creer lo que estaba pasando. Sentí como si estuviera llorando pero no me salían lágrimas. Artie era como mi hermano mayor, siempre estaba ahí cuando lo necesitaba. Lo extraño y lo quiero mucho pero sé que está en un lugar mejor.

44. ARACELI

Era un día caluroso, tenía puestas las sandalias con shorts y una blusa ligera. Era un día en el verano cuando no había escuela y normalmente me la pasaba en la casa de mis papás. Ese día se iba a juntar la familia para comer y platicar. Teníamos la asadora, diferentes tipos de carne, aperitivos, papitas, refrescos y mucho más. Pero necesitábamos hielo, entonces mi papá, mis hermanos y yo nos subimos en su camioneta. La camioneta era grande y había mucho espacio. Cuando llegamos a la gasolinera nos bajamos todos para comprar dulces o chocolates mientras mi papá fue a comprar el hielo. Mis medios hermanos y yo nos subimos a la camioneta, David se sentó en el asiento pasajero, Omar se sentó en la parte de atrás, y Tommy y yo nos sentamos en la sección de en medio. Tommy me volteó a ver y me dijo, "mira! compré estos chicles!" y acerqué la mano para agarrar uno e inmediatamente me paró. Tommy nos explicó que no eran de verdad, era una trampa para que les diera un electro choque. Entonces todos decidimos que íbamos hacer esta trampa a mi papá y nos comenzamos a reír. De repente llegó mi papá y abrió su puerta, todos nos quedamos callados sin hacer un ruido. Nos preguntó si algo estaba mal, yo traté de controlar mi risa. "¿papá quieres chicle?" papá, preguntó Tommy y mi papa dijo que sí por favor mientras extendía la mano hacia el paquete de chicles. Agarra el chicle y grita, se oía como un grito de niña. Él estaba sorprendido de qué tan fuerte estaba el choque. Todos incluyendo mi papá nos comenzamos a reír. Me reí tan fuerte que comencé a llorar y mi estómago me dolía. El resto del día todos nos reíamos de lo que ocurrió, para algunos esto no es tan chistoso pero para mí sí fue chistoso y memorable. Porque por primera vez en un largo tiempo estaba con mis hermanos y papá sin mi madrastra. A veces deseo tener un día solo con él pero todavía estoy agradecida que tuve este momento con mis hermanos también. Se sintió como una verdadera familia y por eso es un día que nunca olvidaré.

Era el día de mi quince que se tomó aproximadamente dos años para planear. Los gastos de la fiesta fueron divididos entre mi mamá y papá. Era un día muy especial para ellos ya que era la única niña y la mayor. El plan era que mis padres caminaran conmigo en la misa. Pero al último minuto mi papá dijo que no y sólo si su esposa podía hacerlo también. Discutí con él, explicando que ella no era mi madre pero no entendió. Al final mi mamá y abuelito caminaron conmigo. Cuando era el baile, mi mamá y papá me iban a presentar a todos que significaba que me iban a caminar uno en cada lado. Pero otra vez dijo que no porque no era justo hacia su esposa. Insistió que ella era como una mamá hacia mí. Entonces escogí el otro hombre que era como mi padre toda mi vida y hasta este día todavía es, el hombre era mi abuelo. Mi papá me dejó decepcionada. Por la primera vez pensé que a lo mejor mis padres y yo íbamos a estar juntos como una verdadera familia pero esa idea falleció. Sólo deseaba segundos con ellos para sentir lo que es tener una familia unida. Ya casi van a ser cuatro años desde que esto ocurrió y todavía no lo he olvidado. Desde mis quince nuestra relación se hizo peor y comencé a apreciar a mi mamá más. Ella siempre fue mi mamá y papá en los tiempos buenos y malos. Y sé que siempre estará allí. Ahora siento lo que me une a él es mis hermanos.

Mi madre siempre me ha dado todo lo que necesito y siempre me ha apoyado a seguir mis sueños. Cuando termine la preparatoria iré a colegio para estudiar medicina.

45. ISAAC

Creo que desde que nací un16 de septiembre, he tenido una vida interesante. Soy el segundo de los tres hijos, de padres que se han dedicado mucho a mí y que me enseñan mucho. Por eso, he podido tener mucho éxito en casi todos los aspectos de mi vida.

Pero también he aprendido lecciones de vida de mis maestros. Especialmente recuerdo a los profesores de quinto y sexto grado. Mi maestro en quinto año era el Dr. Block. Él era un poco viejo, pero su edad le daba la experiencia necesaria para usar su energía y conocimiento sabiamente. Su cuerpo tenía las marcas de los años pero su mente tenía el entusiasmo de una persona en su plena juventud. En su clase aprendí mucho. Era un desafío, pero con mis padres, pude alcanzar la meta. En la clase hice muchos experimentos con mis compañeros. Construímos un carro con madera, ruedas y un motor. Competimos con los carros. Mi pareja y yo tuvimos el carro más rápido. En otro experimento, calculamos el número en la escala *ph* de varios líquidos. ¡Durante el experimento, sin querer, consumí un poco de ácido!

También en mi año con el Dr. Block, jugamos un juego de vacaciones. En nuestra imaginación fuimos a muchos lugares en los EEUU. Fuimos a Florida y al Mundo Disney. En el juego cuando llegábamos al nuevo lugar teníamos que crear un papel o presentación con información sobre el lugar. Jugué con mis amigos. Había 10 equipos y nuestro equipo ganó.

Durante el año con el Dr. Block, aprendí algo de las químicas, ciencias físicas, literatura, y más. Mientras estaba aprendiendo, estaba divirtiéndome.

La Sra. K fue mi maestra para el año 6. Con ella, seguí aprendiendo y divirtiéndome. En su clase, vimos muchos animales y aprendimos mucho de la naturaleza. Momificamos un gallo. Eso fue muy interesante. Me gustaba mucho. En la clase de la Sra. K mostré mis habilidades en matemáticas y las ciencias. También nació mi interés en trabajos médicos. La educación que tuve en ese año me dio la habilidad de entrar en programas acelerados para los próximos dos años. Después de ese tiempo, pude entrar a la academia de Elgin High School.

Hoy, estoy en mi tercer año en EHS y voy a asistir a la Universidad de Illinois. Porque trabajé mucho, y tuve la ayuda de mis padres y la instrucción de buenos maestros, puedo ahora ir a la universidad y no tengo que pagar nada. Pienso que puedo usar las lecciones de la universidad de Illinois para tener éxito en mi vida y ser un médico. Después de muchos años de estar trabajando, quiero además ser maestro o enseñar en forma voluntaria. Pienso que es muy importante ayudar personas que no hayan tenido lo que yo he tenido.

Los grados 5º y 6º de mi educación formaron mi futuro y me dieron un buen presente. Viendo hacia atrás, y con la perspectiva de casi un adulto, podría decir que en esos grados es donde se dividen los caminos de los que quieren hacer algo en la vida, o de los que con el comienzo de la pubertad les da por andar en pandillas, pensar sólo en el sexo o experimentar drogas, y que se la pasarán luego observando el triunfo de los otros. A esta edad todavía los padres y maestros pueden enderezar las ramas torcidas. Le doy muchas gracias a mis padres y mis maestros. Sin ellos, no podría alcanzar mis sueños y tener una vida buena por el camino recto.

46. SYLVIA

Soy orgullosamente mexicana. Tengo dos hermanos: Sarai y José. Ahora vivo con mis padres y mis hermanos y estoy estudiando en COD. Quiero tomar clase en este colegio porque no quiero tener muchas deudas cuando me toque graduarme. En el futuro, quiero continuar mi educación con clases de ciencias médicas. Siempre tengo la motivación de mis padres, que siempre trabajan muy duro para sus sueños y de los demás.

Un ejemplo de la ética de trabajo de mis padres era su trabajo para tener su propio restaurante. Cuando yo era muy joven, mis padres empezaron el trabajo. Primero necesitaron un lugar asequible pero también muy útil. Cuando habían buscado por mucho tiempo, encontraron un lugar que tenía lo que buscaban. En más o menos tres meses, la taquería se abrió. Mis padres tuvieron el restaurante por casi diez años cuando lo vendieron para perseguir un trabajo nuevo.

Cuando yo necesito inspiración, puedo ver la vida de mis padres. El ejemplo de mis padres era muy provechoso cuando tenía casi 10 años. En ese año, el doctor me dijo que tenía una artritis que sólo afecta los jóvenes. Él me dijo que era muy mala y la mayor parte del tiempo, las personas infectadas pierden la habilidad de sus brazos o piernas. Recuerdo bien ese momento. Pensaba que no iba a tener una juventud normal, ni hacer algo bueno con mi vida.

Mis padres me animaron a tener fe en mi Dios y a mantener una buena perspectiva. En los días después del diagnóstico empecé clases de rehabilitación. La primera vez no quería ir porque no quería aceptar que tenía un problema, y tenía miedo de que la terapeuta iba a ser muy mala. Mi mamá no me dejaba perder mi lucha. Me dijo: "si trabajas duro, puedes hacer cualquier cosa."

Mis clases de rehabilitación era difíciles pero mis miedos sobre las terapistas estaban equivocados. Para mantener la fuerza de mis músculos tenía que hacer ejercicios en la piscina tres o cuatro días cada semana. También tenía que usar pesas para trabajar mis piernas cuando caminaba. Después de cada clase estaba muy, muy cansada y después de la primera semana, no pensaba que podía hacerlo. Mis padres me mantenían en mi camino a la salud. Ahora, puedo usar mis brazos y piernas casi como los otros. Tengo momentos cuando no tengo mucha fuerza, pero más o menos, no tengo problemas. Cada día doy gracias a Dios porque pude pasar mi obstáculo, y doy gracias a mis padres por la inyección de estímulo que nunca me rindiera.

Me alegro de que mi batalla con la artritis fuera como una lección muy preciosa. La vida puede dar problemas y puede complicar algo tan fácil como caminar, pero nada puede impedir lograr tus sueños. Voy a necesitar este concepto en los próximos años cuando esté estudiando. Voy a ser doctora o enfermera, y nada me podrá cambiar eso.

47. ANTONIETA

Siempre he querido hacer algo mejor de lo que mis padres han hecho. Mi mamá y mi papá nacieron en México y vinieron aquí cuando tenían 17 años. Ninguno de los dos se graduaron de la escuela secundaria y eso era algo que mis padres no querían que me pasara a mí. Mi mamá y mi papá han sido y todavía son muy estrictos conmigo para hacer bien en la escuela y hacer todas mis tareas y conseguir "A" en todo. Como no sabían mucho inglés, mis papás no me ayudaron mucho. La única razón que yo tengo las mejores calificaciones a lo largo de mis años de escuela fue porque me empujé a mí misma a hacer lo mejor, ¡para no sacar una B o C! A pesar de que mis padres no me podían ayudar con mis tareas, todavía me ayudaron a impulsarme a hacer lo mejor que puedo. Fui a una escuela primaria pública sólo para el kindergarten y primer grado. Entonces mi mamá me movió a una escuela privada llamada Saint Joseph. Estuve allí desde el segundo a octavo grado. Me gustaba ir a la escuela porque era pequeña y yo era amiga de todos mis compañeros de clase. Me encanta hablar con la gente y tratar de hacer amigos, aunque yo soy poquito tímida con las personas que realmente no conozco.

El día que me gradué de octavo grado fue el día más nervioso. Como yo era la primera de mi clase yo tenía que hacer un discurso sobre mi experiencia en Saint Joseph y cómo iba a seguir adelante y tomar las cosas que aprendí de mi vida allí. Recuerdo que antes de que fuera mi turno de hablar mi amiga se volvió y me dijo: "No te pongas nerviosa que todo va estar bien", lo que ella me decía me ayudó un poco pero no mucho. Cuando me levanté para ir a hacer mi discurso estaba tan nerviosa que mi mano estaba sudando, estaba tan silencioso que podía oír latir mi corazón, ¡latía tan rápido!. Todos tenían los ojos en mí. Así que sólo respiré profundo y presenté mi discurso. Después de que yo hube terminado yo estaba muy feliz que ya se había acabado.

Mi mamá no quería que fuera a Larkin High School por lo que decidió ponerme en Saint Edwards, donde estaban el resto de mis amigos. ¡Yo estaba muy feliz! Desde mi primer hasta mi segundo año tenía las mejores calificaciones y yo estaba tan feliz de estar con mis amigos y disfrutar de otra experiencia con ellos.

Pero la vida da muchas vueltas. Luego mi padre perdió su empleo, y no fue capaz de pagar mi escuela privada. Así que desafortunadamente, al comenzar mi tercer año, tuve que entrar a una escuela pública. Yo estaba muy decepcionada de que yo tenía que ir a otra escuela. No era cuestión social, académica o de peligro como lo veían mis padres. ¡Era que allá estaba dejando a mis amigas y amigos! Llegar a una nueva escuela puede ser un evento muy intimidante para muchos. Para mi bien, decidí tomarlo como otra experiencia en mi vida y mostrarme de qué estaba hecha. Asistir a Larkin no fue tan malo como pensaba que sería. Hice nuevos amigos y mantener mis notas, que eran siempre las mejores calificaciones.

Gracias a mis padres que me empujaban a tener buenas calificaciones y la determinación de mí misma para nunca darme por vencida a pesar de que mis padres no me podían ayudar en todo. Me graduaré el 28 de mayo de 2010 con un GPA. De 4.0 y estar en el 3 por ciento más alto en mi clase. También voy a ir a la universidad Aurora en el otoño con una beca de $ 10.000 y yo tomaré la especialidad de enfermería.

48. CRIS

El cambio más grande de mi vida comenzó cuando me enteré que estaba embarazada. Fui a Walgreens para comprar una prueba de embarazo porque todavía no tenía mi período. Hice la prueba de embarazo en casa de mi novio Gio. Los dos esperábamos ansiosamente los resultados. Tres minutos habían pasado, finalmente, se sentía como si hubiera sido tres horas. Una línea significa negativo y dos líneas significaban que estaba embarazada. Estaba tan nerviosa que no podía mirarlo, así que yo dije que Gio le viera. Se volvió y mi dijo: "Cris, estás embarazada". Nos miramos en silencio. Tuve que estar en casa, así que sólo le dije que le llamaría más tarde, pero esa noche yo no lo llamé. Me llamó pero no respondí, sólo quería estar sola. No dormí en toda la noche, yo estaba pensando en tantas cosas.

Los dos decidimos que no se lo dijera a nadie. La escuela estaba casi acabando y todavía nadie sabía. Yo ya tenía dos o tres meses en mi embarazo. Algunos de mi familia durante el verano comenzaron a cuestionar si estaba embarazada. Me dijeron que me veía muy pálida y las venas en el pecho eran realmente notables, y como mi prima mayor esperaba su segundo hijo compararon mis síntomas y mi cuerpo al de ella. Yo estaba ahora en los cinco meses pasando a seis meses y mi cuerpo no podía ocultarlo por más tiempo, y los padres de Gio lo habían descubierto. Me dijeron que les dijera a mis padres. Fue el día más difícil que pude haber tenido en toda mi vida. Mi papá se fue antes de terminar de decirles toda la historia. Ese día toda mi familia estaba presente, y vinieron la madre y la hermana de Gio. Él y yo nos estábamos mirando el uno al otro. Gio rompió el silencio y dijo: "Cris, vente a vivir conmigo". Yo le dije que sí. No volvía a hablar con mis padres hasta dos semanas antes de que naciera mi hija.

Por fin Anahí Camila vino a este mundo! Los miembros de mi familia fueron los primeros en venir a visitarme, incluyendo a mi papá. Fui a casa después de tres días en el hospital. Fueron difíciles los primeros días con el bebé llorando todo el tiempo. Volver a la escuela no era tan fácil al tener que equilibrar la escuela y el cuidado de Anahí. A veces iba a la escuela después de lograr sólo dos buenas horas de sueño, lo cual simplemente no era nada agradable. Salir a pasear como un adolescente regular en citas con Gio simplemente dejó de suceder. Ahora todo lo que estaba preocupada de pasar el undécimo grado, así como pañales y fórmula para comprar para Anahí. Gracias a Dios tuve el apoyo de mis padres, así como de los padres de Gio.

Ahora supongo que no es tan duro como lo fue durante los primeros meses. Quiero decir, sí tengo sólo diecisiete años, pero ahora tengo una razón para levantarme cada mañana para ir a la escuela. Eso es porque no sólo necesito una buena educación, pero Anahí necesita un medio ambiente sano y que ella también debe saber que una vez que te caes, hay que levantarte y seguir caminando. Al principio mi familia dijo que iba a ser una chica más de las que dejan la escuela secundaria, pero tomé la decisión de probar a todo el mundo que estaban equivocados. Ahora no estoy diciendo que quedar embarazada a una edad temprana está bien porque no lo es. Mi vida habría sido mucho más fácil y diferente si no hubiera quedado embarazada, pero no tengo a nadie más a quién culpar sino a mí misma. Todo lo que tienes que hacer es vivir y aprender.

49. Lo peor de las drogas

Era una tarde soleada de gran belleza a mediados de junio. Mi familia, mi prima y yo nos preparábamos para ir a ver una película afuera en el cine. Mi prima, mi hermano y yo estábamos sentados en el sofá cuando el teléfono empezó a sonar. Me paré a agarrarlo, pero mi papá ya lo había levantado. Diez minutos después, oigo a mi padre bajar las escaleras y sin decir una sola palabra salió por la puerta del garaje. Mi hermano y yo nos miramos uno al otro porque mi papá nunca había salido de casa sin decir a dónde iba a ir. Así que decidí subir las escaleras a preguntarle a mi mamá por qué papi salió sin decir nada. Mientras caminaba por las escaleras podía escuchar mi madre llorando en su cuarto. Cuando entré en la habitación le pregunté por qué lloraba, pero ella no quería decirme. Así que dejé la habitación y volví a bajar las escaleras a decirles a mi hermano y mi prima que ella estaba llorando. Nos miramos el uno al otro y decidimos quedarnos en la sala de la familia y ver la televisión hasta que mi padre volvió a casa. Unos veinte minutos después, mi padre entra y llama a mi mamá, a mi hermano y a mí a la cocina. Mientras caminaba mi madre seguía llorando y los ojos de mis papás estaban rojos. Nos dijo que nos sentáramos, y después que lo hicimos nos dijo: "Ivan está muerto". De inmediato mi primo y mi hermano se pusieron a llorar pero por alguna razón yo no lloré. Quería a mi primo mucho y era parte de mi vida desde que nací, pero creo que ya que tenía sólo diez años yo no entendía bien que él estaba muerto. Le pregunté a mis padres sobre cómo murió y nos dijeron que era causa de la bebida y las drogas. Por alguna razón en el fondo dentro de mí yo sabía que no era la razón. Yo sabía que él bebía mucho y se drogaba, pero yo creía que en el fondo no era la razón. "Las drogas son para divertirte, para pasarla bien", eso es lo que oía.

El día del funeral es cuando finalmente me di cuenta que Iván estaba realmente muerto, igual que yo por dentro. Recuerdo entrar en una habitación y en el cuarto donde mi primo estaba en su ataúd. Lentamente me acerqué para verlo y cuando lo vi me puse a llorar. Le toqué la cara y estaba tan fría, se sentía como mi mano estuviese tocando una caja de hielo. Cuando fuimos al cementerio, a llevarlo a enterrar el día era soleado mas no calentaba, pero con un poquito de viento sólo perceptible para los árboles que parecían saludar respetuosamente. Mirar el ataúd bajando por la tierra fue la parte más dura para toda mi familia. Yo escuchaba a las personas llorando y diciendo "¿por qué está sucediendo esto", "no puedo creer que se haya ido". Fue uno de los días más tristes que jamás haya experimentado. Días después del funeral les pregunté a mis padres una vez más cómo realmente murió y me dijeron que me dirían cuando fuera más grande, pero yo me puse terco y les pedí que me lo dijeran. Así que mi mamá fue a mi habitación conmigo y me miró a los ojos y dijo: "¿Sabes que Iván nos quería mucho, y saben que nosotros lo amamos mucho, pero en su mente, a causa de las drogas, él pensaba que no lo amábamos. Así que se fue a Chicago un día y se fue a un Burger King y se suicidó ". Después de que mi mamá me contó el resto de la historia yo menos intranquilo porque ya sabía la verdad, pero inmensamente triste por la forma en que Iván ya no estaba con nosotros. Debido a lo que le pasó a mi primo, yo nunca he tomado drogas y nunca voy hacerlo y también nunca voy a beber mucho. Desafortunadamente los programas escolares para prevención de drogas no parecen tener éxito, al menos no con Iván. Y yo aprendí a través de él. A pesar de que mi primo se ha ido todavía me enseñó una lección de vida de aprendizaje. Sólo espero que su muerte sirva de algo para otra gente también.

50. JOSELYN

Salió positivo. Era mi tercer año de la preparatoria y tenía 10 semanas de embarazo. Cuando confirmé la sospecha que tenía, lloré con el llanto de una niña y el arrepentimiento de un adulto. Tenía 16 años y mi vida dio una vuelta inesperada. La relación que mantenía con el que se convertiría el padre de mi hijo era problemática y poco a poco me di cuenta que no le ofrecería nada bueno ni al niño ni a mí. Él parecía no tener ni la menor idea de cómo mi embarazo nos afectaría en la escuela, económicamente, y en nuestras vidas personales. Después de contarle a él, no le quise contar a nadie más. No sabía cómo decirle a mi mamá y no sabía si decirle o no a mis amigos.

Mi mamá es madre soltera. Personalmente vi cómo se le dificultó criarnos a mí y a mi hermano. Como cualquier otro padre de familia, ella quería verme tener una vida mejor que ella, y por esa razón me dolía más mi error. Finalmente, cuando le dije a mi mamá, ella se enojó y estaba sumamente decepcionada. Después de un tiempo que asimiló mi tropiezo, habló conmigo seriamente y me dijo que mi estilo de vida iba a cambiar radicalmente. Me recordó de mis planes anteriores de buscar trabajo en el verano para ganar dinero para mí. Ya no lo iba a hacer a causa del embarazo. Pero después de tener al bebé, yo iba a tener que buscar trabajo para ayudar con los gastos ya que mi madre no podría mantenernos a todos. Los cheques que recibiera no serían para ropa, cine o bailes. Serían para cubrir las necesidades de mi futuro bebé.

Ochenta por ciento de las madres solteras terminan necesitando apoyo económico del gobierno y no se gradúan. ¿Mi novio? Él como otros siete de cada diez se desatienden de cualquier obligación con la futura madre. Ser yo parte de una estadística como esa me molestaba en alto grado. Para no verme entre tanto número triste y sobreponerme también a las miradas que me daban en la escuela, decidí hablar con mi consejero. Hice los arreglos necesarios para graduarme de forma temprana ya que tendría que cuidar de mi niño cuando naciera. Junté las clases obligatorias de dos semestres en uno sólo. Fue un tremendo sacrificio. El poco tiempo que estuve en la escuela después de tener a mi hijo fue muy estresante. La mitad del día estaba en la escuela, y la otra mitad no podía dormir bien. Pero logré graduarme. Pude revertir un poco el mal camino para no ser un fracaso más entre las jóvenes latinas de mi comunidad.

Ya una vez que me hube graduado de la preparatoria, comencé a asistir al Elgin Community College. Sólo me registré en dos clases que requerían unas cuantas horas de estudio y que eran sólo dos días a la semana. Con menos tiempo en el colegio, ya podía estar más tiempo con mi hijo. Y volvía a recordar las palabras de mi madre en cuanto que tendría que cambiar mi estilo de vida por la llegada de mi bebé.

Mi hermano mayor tiene un hijo, y yo había cuidado a mi sobrino cuando venía de vacaciones a la casa. Era tan divertido pasar tiempo con ese chiquitito. Pero nunca me hubiera imaginado que ser una madre sería tan difícil. Hay un océano de diferencia entre ser sólo la tía a ser la mamá las 24 horas del día. No sólo me tengo que levantar en medio de la noche, sino también hay que lavar los biberones aunque esté muy cansada, y no puedo salir mucho de mis cuatro paredes.

Es triste pensar que pude haber prevenido este gran cambio en mi vida. Hay ocasiones en las que recuerdo los tiempos en que sólo tenía que cuidar de mí misma y me pongo a llorar. Pero al ver a mi bebé se cubre el hueco de esas emociones. He podido arreglar varias cosas y poder encontrar el modo de seguir con mis estudios, y con esto, siento que las cosas han mejorado. Ser madre es una labor muy agotadora, tanto físicamente como emocional y mentalmente hasta convertirse estresante por momentos. Por mi hijo, por mi madre y mí misma, seguiré estudiando aunque sea poco a poco. "No temas ir despacio, teme no avanzar", me repito constantemente. No importa que me tarde más en sobresalir y convertirme en enfermera. Es más, ya el semestre siguiente comenzaré a tomar clases encaminadas a obtener esa certificación y lograr otra meta en la vida.

51. MICHAEL

Al llegar a mis 18 años de edad, y estar a punto de graduarme de la preparatoria, me siento un poco triste de que mi tiempo en esta escuela, en esta etapa de mi vida, haya llegado a su final. Con este sentimiento agridulce he pasado mis días caminando por los pasillos de este edificio, recordando los tiempos difíciles y el esfuerzo que tuve que hacer para sobrepasarlos.

A sólo unos pasos de la puerta hacia nuevos horizontes, lo que más hago es recordar. Recuerdo mi primer año y la clase que representó mi primer gran barrera: biología, la cual tenía en el penúltimo período. En esta clase, a veces pensaba que la maestra hablaba en otro idioma que no fuera español o inglés; para un tercer idioma, no había espacio en mi cabeza. Afortunadamente una compañera me ayudó a descifrar la clase y pude entender un poco más. Después de mi primer año, estuve luchando para que las cosas académicas volvieran a establecerse de nuevo por la ruta correcta. Al enfrentar alguna clase difícil, buscaba ayuda, y no dejé que lo del mi primer año se repitiera. Sin embargo, mi segundo año se presentó ante mí con cambios, que sin mala intención, causaron pequeños problemas. Primero, empecé a manejar y me compraron un carro. Después, aquella compañera que me ayudó en biología se convirtió en mi novia. ¡Yo estaba muy feliz de tener novia, y además un carro con que pasearla! Poco tiempo fue necesario para aprender que ambas cosas cuestan dinero. Mi carro requería de gasolina y varios servicios. No era, de ¡súbete, y vámonos,! como uno piensa cuando todavía no lo tiene. Adicionalmente, necesitaba dinero para mi novia, porque yo la quería pasear y pagarle todo. De esa manera me habían enseñado mis padres, que a una mujer se le paga todo, siendo un caballero, según mi mamá, y suficientemente hombre o macho, como decía mi papá. Los problemas financieros fueron creciendo al agregarle mis propios gastos de ropa y el salir con mis amigos. Como mis padres no podían facilitarme tanto dinero para cubrir todas esas necesidades, fue en ese tiempo que comencé a buscar una solución a mi problema.

Al terminar mi segundo año, trabajé en el verano con mi papá en la misma fábrica donde él trabajaba. Trabajaba cuarenta horas a la semana, y estaba contento con el pago. Pero cuando empecé la escuela, tuve que dejar ese trabajo. Aquí es donde mis problemas comenzaron porque lo que yo pensaba era una gran plata juntada en el verano, duró lo mismo que dura el buen clima en Chicago. Empecé a buscar trabajo en diferentes tiendas. Apliqué en cuanta tienda o cadena comercial se me venía en mente: Sears, J.C. Penny, Jewel, Best Buy, Kohls, Target, etc., todas, todas me rechazaron. Como si con esos lugares no fuera suficiente, seguí aplicando en cualquier lugar que se me presentaba. Desafortunadamente, todo esto fue un fracaso. El ser rechazado tantas veces, me obligó a buscar otra ruta para conseguir dinero, lo cual haría en el verano siguiente. Tuve que "ajustarme" a lo poco que tenía económicamente hablando, y no dejar de lado mi escuela.

El último verano antes de mi cuarto año de escuela fue el más anhelado, más para hacer dinero que para descansar. Si el trabajo no venía a mí, yo fabricaría mi propio trabajo. Mi madre y yo empezamos un negocio de rentas de equipo para fiestas. Adquirimos sillas, mesas, y un castillo inflable. Repartimos tarjetas con nuestra información, dándoselas a conocidos primero, y luego hasta gente que ni conocía (parte muy importante de un comerciante). En este momento, como el negocio tiene poco tiempo, no tenemos muchos clientes, pero sí nos llega trabajo de vez en cuando. Con este negocio, tengo que ser responsable, y aprender mucho del mundo de negocios. Tengo que hacerme responsable de ciertas partes, lo que me hace consciente que tengo que completar mis labores de la escuela para ayudarle a mi mamá también. Esa sabia virtud de aprovechar el tiempo se aprende desde joven, y yo lo estaba logrando. Aunque aún me gustaría obtener un trabajo con ingresos seguros, estoy satisfecho con el negocio que hemos empezado mi madre y yo.

Viendo hacia el pasado, me doy cuenta que quizás no tuve tan grandes problemas como otros, pero sí se me atravesaron obstáculos que pudieron haberme afectado negativamente. Pude haber conseguido dinero "fácil" vendiendo drogas, robando; pude haber trabajado hasta de noche (como algunos lo hacen), pude haberme obsesionado con mi carro y mi novia, todo antes que la escuela, pero doy gracias a Dios que no tomé decisiones equivocadas. Estoy agradecido con mi familia y amigos, y compañeros que me rodearon y me ayudaron a salir de mis momentos frustrantes. Sí, ahora comprendo por qué muchos dicen que la etapa de "high school" es una de las más hermosas. Por eso la tristeza. Mas ahora, en este justo momento que estoy terminando este relato, tengo mi bata de graduación puesta y lista para el gran evento, y cuento con gran emoción los días que faltan para iniciar la universidad.

52. DANIELA

Mi vida iba a cambiar. En el verano del 2009, mis padres perdieron sus trabajos y se sintieron desesperados. Al no poder conseguir trabajo, y enterarse de que mis abuelos también estaban teniendo problemas en México, querían mudarse para allá. Yo estaba destrozada de sólo pensar en esa posibilidad. Si esto se hiciera realidad, yo no iba a tener la oportunidad de graduarme de la preparatoria aquí. Mis padres siguieron sin suerte, sin trabajo por dos meses más. Y el pago de la renta es algo que llega más rápido cuando no se tiene el dinero para pagarla, y ya eran dos meses así. Mi hermana, quien había empezado a estudiar en el colegio como estudiante de tiempo completo, tuvo que cambiarse a estudiante de medio tiempo para poder trabajar. Tristemente, a consecuencia de esto, mi hermana perdió su beca. Y por no poder enfocarse en sus estudios completamente a causa del trabajo, reprobó una de sus clases. Todo esto haría que su graduación se retrasara un año. Como fue pasando el tiempo y mis padres no mencionaron más sobre la mudanza a México, yo sabía que si la situación de mi familia seguía mal, yo también tendría que buscar trabajo, y quizás no podría ir al colegio. Mi consejero escolar me comentó de varias becas, y me dio varias aplicaciones, animándome a que aplicara a muchas partes. Tomé los papeles, hice lo que me sugirió, más porque me lo pedían que por convicción. Unos meses después, recibí una carta donde se me decía que por estar en el diez por ciento más alto de mi generación había calificado para una beca de $2,000 para asistir al "Elgin Community College". ¡Esa noticia me subió los ánimos! Me quitaba el gasto de las clases. Pero todavía faltaban otros gastos, como los libros. Mi consejero me dijo que los libros del colegio son caros, y que tendría yo que seguir buscando becas. En medio de mis clases de "high school" iba a la oficina y miraba las nuevas becas a las que podría aplicar. Un día, encontré una que se daba a sólo tres alumnos. Sabía que estaría muy difícil, pero decidí aplicar de todos modos. Hace apenas dos semanas recibí una carta de esa última beca que apliqué. ¡Decía que yo era una de las tres ganadoras! Con este dinero asegurado, ya no tendría que perder un año de escuela por no poder pagarlo. A la semana siguiente de mi buena nueva, vino otra. Mi papá tuvo una entrevista de trabajo, y obtuvo el empleo. Luego de una semana de iniciar, se abrió un puesto de trabajo, y mi papá le consiguió el puesto a mi mamá. Ahora los dos tienen un trabajo estable. Mi hermana ahora sigue trabajando tiempo completo. Pero el próximo semestre se re-integrará nuevamente como estudiante de tiempo completo, y promete que se enfocará más en sus clases para no reprobar más. Y yo, estoy de lo más feliz de haber recibido esas becas. "Pide y se te concederá". Pronto me graduaré de la preparatoria junto con mis amigos. Y el próximo año empezaré el colegio, y no tendré la necesidad de trabajar para pagarlo. "Dios aprieta, pero no ahorca".

53. Gracias a mi amiga

Desde que era pequeña, mi gran sueño era ir a los Estados Unidos con mi mamá. Ella se había ido sola para trabajar y darnos lo que aquí simplemente el mínimo no cubría. Quería darnos lo que ella no tuvo, sobre todo la oportunidad de mejores estudios. Claro, no tener el amor directo de una madre quizás pese más que todas esas razones de muchos latinos para dejar a sus hijos en su país y aventurarse yéndose al Norte o al Otro lado. La extrañé mucho, tanto que un día decidí decirle a mi tía que yo me quería ir a estudiar allá. Es bonito recibir de los padres las remesas que se mandan religiosamente a costa de sangre y sudor. También causa emoción recibir regalos en tu cumpleaños y Navidad. Pero para algunos niños como yo, eso es pasajero. Sin embargo, la bendición diaria de tu madre al acostarte y al levantarte para irse a la escuela no se cambia por nada.

Mi tía dijo que iba a hacer todo lo posible para ayudarme. Un año después logré venirme a vivir a Elgin. Ya son nueve años de ese reencuentro con mi madre, y del impacto de estar por primera vez en este maravilloso país. Hace también nueve años que entré a Elgin High School, misma que sería como hasta ahora gran parte de mi vida.

Cambiarte de escuela es casi siempre un evento traumatizador para un niño pero más para un adolescente. Tus padres son muy importantes, pero tener amigos en tu escuela es algo esencial para sobrepasar este difícil trance antes de convertirte en un adulto.

Además del nuevo idioma, había que adaptarse a un edificio enorme. Estaba muy nerviosa con el sólo hecho de no encontrar mis clases. Tuve necesidad de pedir mapa para mí (los de las paredes no eran suficientes) y ayuda extra para encontrar la dirección y el pasillo correcto por el que me tenía que ir. En México las escuelas no son tan grandes, todo era más simple allá. Pero tenía que demostrar ser tan fuerte como mamá para merecer estar con ella. Afortunadamente la hora del almuerzo no era tan terrible. Ahí podía hablar, en mi idioma, con las compañeras nuevas que también hablaban español. Gritaban mi nombre, me invitaban a sentarme y a comer con ellas.

Hubo una vez en que estábamos en línea para agarrar nuestro almuerzo. Una muchacha cerca a mí había agarrado el especial del día que era una cajita roja. El contenido de la caja era arroz y pollo adentro, era comida china. Cada miércoles era el día de "chinese food", y todos lo que podían lo compraban, porque costaba mucho más que el almuerzo regular. Ese día esa chica iba muy entusiasmada a agarrar el de ella. Pero mientras ella iba pasando, accidentalmente alcé la mano y le tumbé su almuerzo. Me sentí tan mal que decidí darle el mío. Generalmente estos accidentes en "high school" entre dos seres desconocidos terminan en pelea. Ella no quiso aceptar mi almuerzo, pero comprendió que todo había sido un accidente. Esa muchacha y yo empezamos a hablar, y con el paso de los días decidimos comer juntas. Nos hicimos grandes amigas. Ella se llama Vanessa. Viendo hacia atrás, no sé qué hubiera hecho sin un apoyo como el suyo. En la escuela se tienen muchos compañeros, pero los verdaderos amigos escasean, los que tratan de llevarte por lo bueno y te saben orientar se cuentan con los dedos de una mano.

Ahora Vanessa y yo estamos terminando nuestra carrera en la universidad. Somos inseparables, y las mejores amigas del mundo. Bueno, eso es lo que decimos ella y yo.

54. SUERTE DOBLE

Nací en un día lluvioso de agosto, en Guanajuato, México, en un pueblo llamado Cupareo. Me acuerdo que en las mañanas me levantaba y me abrigaba, y me iba a la tienda de abarrotes, una tiendita donde venden pan recién hecho que me encantaba para desayunar. Luego me ponía a hacer mis quehaceres y le ayudaba a mamá en algunas cosas que se le ofrecían.

Desde mis ojos de niña, todo se veía bien, pero no para mis padres. Un día, mi papá nos dijo que la situación en casa estaba muy mal. Teníamos grandes problemas de dinero. Mi papá decidió irse a los Estados Unidos, pensando que nosotras lo alcanzáramos un año después. Nos quedamos con una tía, quien era hermana de mi mamá. Me gustaba estar ahí porque jugaba mucho con una prima que era un año y medio mayor que yo. Nos llevábamos muy bien. Me acuerdo que un día estábamos jugando con las muñecas, y a mí se me ocurrió cortarles el pelo. Ella se enojó mucho conmigo. Dejó de hablarme por un largo tiempo, a pesar de que vivíamos juntas y dormíamos en el mismo cuarto. Jugaba con sus juguetes, me ponía su ropa. Una vez tomé una blusa de ella, y la usé para hacerle camisitas a las muñecas, y ropa interior. En cuanto ella llegó de la escuela y se dio cuenta se enojó mucho conmigo. A sus 28 años y con una bebé de año y medio, ya no se acuerda ya de eso cuando se lo menciono, pero yo sí lo tengo muy presente. Ya casi no la veo, y la extraño bastante.

Estudiar en este país se me hizo muy difícil porque no nací aquí, y para la admisión a los colegios necesitas muchas cosas que como inmigrante no tienes. También se me dificultaba trabajar por no tener seguro social, lo que me hacía la vida muy difícil, aún más que parte de mi niñez sin mi padre. Sin embargo, no me quejo del todo, porque durante la "high school" logré sobrevivir casi ignorando ese asunto de los papeles. Fue cuando conocí al que es hoy el padre de mi hija de dos años. Fue en una fiesta de mi primer año de preparatoria donde una amiga me lo presentó. Seguimos siendo novios por cinco años. Mi bebé y mi esposo son mi vida. Él es un gran padre y un gran marido. Por cierto, fue sólo cuestión de tiempo que pude seguir estudiando, ya arreglé mis papeles gracias a él. Por ahora, trabajo en una compañía de aseguranzas, y me va muy bien. Tengo mi licenciatura en contaduría.

Sí, la vida de un inmigrante como yo es difícil, pero no es razón para tirarte a la hamaca, o para caer en problemas de pandillas o drogas. Tuve la suerte de encontrar el amor y la oportunidad de estar legal en este país en la misma persona, pero me pregunto qué hubiera sido de mí si hubiese tenido ya un mal récord en la policía, o no me hubiera graduado de "high school" por andar en otras cosas que no fueran la escuela. Estoy feliz de que hice lo que me correspondía hacer, fuera de aquí o no.

55. PUERTO RICO

Todavía recuerdo aquel día como si fuera ayer. Yo tenía cinco años y mi madre estaba comprometida con un hombre quien no me caía bien. Ese día cambió todo para mí. Antes de su llegada en nuestra vida, era sólo mi mamá y yo. Tuve que mudarme fuera de los EE.UU. No entendía que esto iba ser algo permanente, que este hombre iba a ser mi padre y tuviera que compartir mi mamá con él. Todo cambió rápidamente. Ellos se casaron y un mes siguiente, nos fuimos a Puerto Rico. Me sentía emocionada al principio, pero cuando supe que tenía que asistir a la escuela, me enojé. Un obstáculo para mí fue el lenguaje. Entendía el español pero no lo hablaba muy bien. En el primer día de clase, todos podían notar que yo era una extranjera. Quizás era el acento que tenía. Afortunadamente, mi primo había asistido a esa escuela por dos años y ya conocía a mucha gente. Era una escuela privada y bastante grande. Parecía tan diferente como la escuela en Chicago. Todo estaba abierto y podía salir del salón y entrar al campo de juegos en forma directa

Tuve recuerdos malos y recuerdos buenos. Uno de los malos fue cuando tuve varicela. ¡Cómo me picaba! Con la humedad y el calor, me volvía loca arrancándome la piel. Cuando desperté y vi las manchas en mis piernas, salté de la cama y grité como una loca. Mi mamá corrió por mi habitación con un plato hondo lleno con avena. Mientras ella me cubría, mi abuela se burlaba y reía de mí. Estaba muy inquieta y me enojé cuando mi mamá me dijo que no podía salir la casa por dos semanas.

Terminé el primer grado y dos días después, cumplí siete años en el 22 de mayo. Mi "papá" y yo nos devolvimos a Chicago porque él no pudo conseguir trabajo y el resto de mi familia se quedó en Puerto Rico por un poco más.

Viví en Puerto Rico por casi un año. Mi padrastro es alemán y no entiende español ni sabe hablarlo. No sé por qué mi mamá no lo había pensado bien. Ella quería quedarse en casa mientras mi papá trabajaba. Si yo hubiera sabido que no íbamos vivir en Puerto Rico para siempre, hubiera aprovechado el tiempo más. Fue una experiencia muy interesante pero también fue una ventaja para mí. Aprendí más sobre mi cultura y vi cómo vive la gente. Es muy diferente que los EE.UU. Algunas casas son de madera, de estaño, o de cemento. Las casas son pintadas en colores brillantes como amarillo, rosa, anaranjado, y azul claro. Cuando estaba aburrida, admiraba la belleza fuera de mi ventana. Las flores que llaman flamboyán, me hipnotizaban con sus hojas rojas. Había tantos árboles llenando el jardín posterior y los animales del vecino corrían y hacían ruidos. ¡Cómo extraño esos tiempos de mi juventud!

Hasta el sol de hoy, las cosas se han puesto difíciles pero sigo siendo fuerte. Voy a graduarme de Elgin High en 2010 y asistiré al ECC en el otoño. Estoy orgullosa del trabajo que he hecho en los años que asistí a la escuela. No ha sido fácil, todavía no es fácil, pero tengo una visión de graduarme de la universidad. Seré la segunda persona en mi familia que habrá de asistir la universidad. Mi madre quiere que yo sea una abogada o doctora pero eso no es para mí. Sé que quiero ayudar gente así como me han ayudado a mí y voy a recordar todos los obstáculos que he experimentado en la vida. Puedo vencer cualquier cosa que te da la vida. Un obstáculo para mí fue cuando me mudé a Puerto Rico y no hablaba el idioma muy bien. Estaba determinada y aprendí el español. Todavía no soy fluida pero soy mejor que antes. Entre más determinación, más tendrás.

56. DECISIONES, BUENAS, MALAS

A los quince años, hice algo que sólo los adultos deben hacer. Cambié mi vida por completo con una mala decisión. Yo decía que esto no me podía pasar, que esto pasaba a las chicas con poca vergüenza. La ignorancia que llenó mi mente me hizo ciega de la realidad. Una mañana, me desperté con nausea y vomité. Negaba la posibilidad que yo pudiera estar embarazada hasta el día que hablé con mi mamá. Esa conversación entre ella y yo fue tan difícil que no pude mirarla a los ojos. Sentí el dolor y vi la desilusión en su mirada. Esperaba que me gritara pero mi mamá no dijo nada. Sólo estaba decepcionada de mí y eso me dolía más. Su presencia después de ese día me hizo sentir rara y no quería estar en el mismo cuarto con ella. Cuando le di la noticia a mi papá, él tuvo una reacción diferente con la de mi mamá. A él sólo le preocupaba que el embarazo me dañara el cuerpo y que fuera a arruinar mi vida.

Fui al doctor con mi madre y oí el latido del corazón de mi bebé. El doctor me preguntó si yo iba a tener mi bebé y yo le dije que sí. Durante el embarazo, mi papá no me hablaba tanto y se alejaba de mí. Cuando mi pancita crecía, la gente en la escuela me miraba diferente y hablaba sobre mí. Las personas que yo pensaba que eran mis amigos, no lo eran. Me sentía muy sola y las cosas empezaron a cambiar.

Tomé las clases que necesitaba para graduarme temprano para que pudiera empezar la universidad. Al principio no fue tan fácil pero después que tuve mi bebé, todo se puso muy difícil. No tenía toda la tarea para mis clases a tiempo y no entendía el material que enseñaban. La transición del antes y del después de mi bebé me afectó muchísimo y eso fue evidente en mi trabajo.

Afortunadamente, mi familia me ayudaba mucho y me apoyaba. Desearía que mis amigos hicieran lo mismo pero al final, supe quién era mi amigo y quién no era. Nadie pudo entender lo que me estaba pasando y no se pudo relacionar conmigo, no se pudieron poner en mis zapatos. "Eso le pasa a cualquiera, menos a mí", creo que así pensaban, porque quizá yo misma pensé así. Tuve que quedarme en casa con mi hija, Alia, mientras mis amigos y mi novio salían a divertirse.

Me gradué de "Elgin High" en el 2009 y ahora asisto al ECC. Mi hija tiene dos años y no estoy con el papá de mi hija. Mi familia sigue apoyándome y estoy contenta con mi vida. Quiero ser técnica de radiología y tener mi propia casa y propio carro. Estoy agradecida por todo lo que mi familia ha hecho y no voy a permitir que alguien se entrometa con mi futuro. Sé que mi vida sería diferente si no tuviera mi hija pero acepté lo que pasó y voy a seguir cumpliendo mis metas.

57. MUY CERCA Y MUY LEJOS

Fue el verano del año 2005 y yo tenía diecinueve años. Vivía con mis padres y mi hermana menor, quien en ese tiempo tenía trece años. Yo estaba asistiendo a ECC por mi título en psicología y estaba tan determinada de ser psicóloga. Todo estuvo bien hasta el día que peleé con mis padres. Decidí ir a México para vacaciones pero las cosas se pusieron tan horribles que me quedé allá por cuatro años. Vivía con mi tía y mi tío en Monterrey y asistía a la escuela. Durante esos años estudiaba para ser maestra bilingüe y trabajaba en una escuela enseñando inglés a los estudiantes de secundaria. No fue fácil porque tuve que acostumbrarme a un país diferente y aprender más español. La comida es diferente, la manera de vivir, y las costumbres son muy diferentes de lo que me había acostumbrado en Elgin.

Fue la primera vez que estaba tan lejos de mi familia y me sentía muy triste. Mi hermana es mi mejor amiga y extrañaba las conversaciones que compartíamos. Al principio, no tenía amigas y me sentía sola. Tuve que aprender cómo viajar en México y algunas veces estaba perdida. Un año después de mi llegada, todo se puso un poco más fácil pero la escuela seguía siendo un desafió. Todo estaba en español y aunque lo entienda, no sabía cómo escribirlo ni leerlo. Obviamente tuve que aprenderlo rápido para mi carrera. Me gustaría trabajar con niños pero es un poco difícil conseguir trabajo.

Lo que me daba felicidad era mi familia en Elgin. Cuando la visitaba, todo se ponía mejor. Yo iba al centro comercial con mi mamá y mi hermana y sentía como si nada hubiera cambiado. Me quedaba por casi un mes cada visita y aproveché cada segundo que estaba allí. Yo recuerdo los lugares que hemos visitado como: Wisconsin, Six Flags, Tennessee, y Chicago.

Uno no sabe la dificultad que es dejar su origen e ir al otro sitio por tanto tiempo. Cuando me devolvía a México, lloraba en el avión y lloraba más cuando llegaba a Monterrey. Fue muy difícil dejar mi familia en Elgin y hacer el proceso de nuevo. Hice esto por cuatro años-dos veces al año. Hace un año que regresé desde México y estoy contenta. El verano pasado tuve mi fiesta de graduación y estaba toda mi familia. Aunque las cosas se pusieron difíciles, seguía trabajando duro para llegar a mi meta. Uno de mis sueños se ha realizado y eso fue graduarme de la preparatoria y la universidad. No es imposible, sólo tienes que enfocarte en una cosa que te gusta y hacerlo en realidad. Quiero que muchos jóvenes sean exitosos en sus vidas y que no hagan caso de nadie con negatividad. La vida te da sorpresas. Lo único que puedes hacer es aceptar lo que viene en tu camino y desarrollarte en algo positivo. Yo no quería quedarme en México al principio pero así es la vida y me acostumbré a los cambios.

Ahora tengo veinte y tres años con un título de maestra en lugar de un título en psicología. Mi hermana tiene dieciocho años y quiero que ella empiece a estudiar después que se gradúe de la preparatoria. Es más fácil la transición cuando puedes acostumbrarte primero ir al colegio sin tener que trabajar por un año. Por el momento vivo con mis padres hasta que pueda conseguir trabajo. Cuando tenga suficiente dinero guardado, me mudaré fuera de la casa, no porque no quiera estar con ellos, sino porque quiero empezar mi propia vida, como es natural.

58. En La Orquesta, José

Me quedé pasmado cuando vi una orquesta por primera vez. La orquesta de la escuela secundaria nos visitaba y tocaba en nuestro gimnasio. Sentarme en el suelo duro era lo de menos, me encantaba no sólo la música, sino la manera que los intérpretes movían sus arcos. Quería tocar el violín, y un día yo decidí preguntarle a mi mamá para tener lecciones de música.

Mi mamá era muy frugal. Nunca compraba la ropa nueva si ella podría comprar la misma ropa en una tienda de la ropa de segunda mano. Ella podría cortar los cupones como si estuviera compitiendo en un juego olímpico. Hay cuatro niños en la familia, y ella dice que no es inteligente gastar más dinero del que tenemos. Entonces, ella no estaba muy contenta cuando yo le pedí dinero.

-¿Quieres dinero por cual razón?—me dijo.

-¡Quiero tocar el violín! Ay, Mam', deberías ver los arcos, . . .

-¡Basta! No voy a pagar por lecciones de música.

-Pero . . . Mam' . . . ! yo dije con tristeza en mi voz.

Mamá suspiró y pensó por un momento. Luego dijo: "¡Vale! Si tanto quieres tocar, voy a encontrar algún dinero. Mantuvo su promesa. Comencé las lecciones y me encantaba, y más cuando yo estaba tocando en el gimnasio. Los brazos se movían con el arco y los dedos bailaban a través del mástil. Cuando estaba en la escuela, yo sólo podía pensar en tocar mi violín en la casa.

Después que hube tocado por alrededor de cinco años, yo hice una prueba a una orquesta privada y gané un sitio. No estaba nervioso en la prueba, pero en los días antes del primer ensayo, yo me convertí más y más cohibido. Yo me hice muchas preguntas—¿Voy a hacer amigos? ¿Voy a tocar suficiente? ¿Voy a ser el único latino en la orquesta?

No estaba preparado para el primer ensayo. No entendía cómo afinar con el resto de la orquesta, y no sabía nada sobre los instrumentos de viento de madera. Todos los intérpretes eran blancos y tenían dinero. Ellos mostraban su dinero con sus arcos caros y sus maletas de diseñadores famosos. No tenía cosas sofisticadas, pero cuando comenzamos a tocar, podía tocar tan bien como el mejor del resto de la orquesta. Estaba orgulloso que podía seguir el ritmo con los intérpretes que habían empezado las lecciones cuando tenían menos de cinco años.

Yo tenía éxito en la orquesta. Hice muchos amigos, algunos ricos y algunos pobres. Pero, todos eran amigos y a todos les encantaba la música clásica. Mi director notó mi trabajo exhaustivo y lo mencionó después de un ensayo.

-¡José, estoy feliz que hayas encontrado un sitio en la orquesta! En las semanas pasadas, has ganado confianza en tu capacidad. ¡Estoy ansioso por ver tu inevitable éxito!

No podría creer que el director me hubiese dicho esas cosas. Todas mis preocupaciones no tenían ya nada de importancia; no era un problema que yo fuese latino. A mi director y los otros intérpretes profesionales sólo les preocupan la capacidad del artista en lugar de la complexión, raza o la clase social. ¡Qué bueno que exista un mundo así!

La música ha sido parte de mi desarrollo intelectual y motivación a superarme. Por eso voy a graduarme, y graduarme bien, de mi escuela preparatoria.

59. ANTONIO

Siempre creí que mi vida no era especial. No era mal chico ni buen chico. Mis notas eran mediocres y no podía jugar ni un deporte. Lo bueno es que no tomaba drogas ni robaba. Era simplemente una persona promedio que se pasaba su tiempo libre enfrente del televisor o la computadora. Pero yo soñaba con ser alguien importante.

Un día, mi mamá me confrontó: "Toni, ¿por qué no juegas afuera? ¿Por qué no cuidas tus notas de la escuela, o tu apariencia? Antes tenías muchos amigos en la preparatoria, y ahora tienes sólo un par de amigos. ¿Qué pasó?"

-"No sé", murmuré.

-"Creo que debes presentarte como candidato para ser el presidente de tu clase."

-"¡¿Qué?!, exclamé. "No es posible."

-"Bueno, tienes que hacer algo importante. Si no, voy a remover el televisor." Mi mamá no hacía las amenazas en vano.

Decidí seguir sus exigencias. Cuando se llegó el tiempo de registrar las solicitudes ante los inspectores de la clase "freshmen", yo me puse como un candidato. No le dije a nadie, pero cuando mi nombre apareció en los votos, mis compañeros estaban sorprendidos.

-"¿Toni, estás concursando para presidente? ¡Voy a votar por ti!", me dijo una bonita chica.

-"¿Antonio? ¿En serio? ¡No lo creo!", dijo otro chico. Algunas personas estaban emocionadas por mí, pero otras, especialmente los otros estudiantes que estaban postulándose como candidatos ante los inspectores no eran tan amables. Yo le dije después a mamá que había decidido tratar de convertirme en presidente de la clase, pero no me creyó. Tuve que mostrarle a mi madre el registro y la forma de los votos para que me creyera. "Toni, estoy muy feliz, en serio, m'ijo. Estoy muy alegre que ya no sólo mires la tele. ¡Debemos hacer pósters!"

Inmediatamente nos pusimos a hacer pósters. Los colgué al día siguiente. Empecé a hablar con personas que no me conocían, pidiéndoles que votaran por mí. La mayoría de las personas eran amables, y respondían con saludos cordiales. La verdad es que empecé a tomar en serio las elecciones, y me empezó a gustar también el asunto de la candidatura. En la mañana que se definiría todo, estaba sumamente nervioso. No sabía si esperar una mañana fatídica o fantástica. Tenía miedo que no fuera el elegido después de haber hecho todo ese trabajo, empezando por simplemente animarme a ser candidato, qué locura. Los anuncios sonaron, las noticias del día empezaron. Comenzaron hablando del menú de la cafetería. "¡A quién le importa eso! ¡Más rápido!", pensaba angustiosamente.

"Y ahora los resultados de las elecciones de los 'freshmen'", dijo el anunciador. Yo crucé los dedos. Se anunciaron el tesorero, el historiador y la secretaria.

"Para vicepresidente, ... Antonio . . . . !

Todos los compañeros de mi salón aplaudieron. No podían creerlo. Había ganado una posición en el consejo de la clase de mi generación. Era alguien, alguien importante, aun y cuando mi posición no era del presidente, no era pequeña. Era grande para alguien que antes no era más que una persona promedio.

60. LA MALA TRADICIÓN

No fue ninguna sorpresa que estuviera embarazada. En mi familia, era un acontecimiento normal el estar embarazada siendo muy joven. Mi mamá dio a luz cuando tenía sólo dieciséis años, y su madre la había tenido apenas en sus quince años. He escuchado que en México, la mayoría de las niñas no se gradúan del colegio, y es casi un hecho que tengan sus bebés en edad escolar. Esta mala "tradición" se trajo a los Estados Unidos por familias como la mía. Cuando le dije a mamá de mi embarazo, se puso muy contenta. Todas mis tías querían darme una fiesta. Nadie parecía preocuparse si yo me graduaría en mayo. Sólo importaba si el bebé iba a estar saludable.

No le dije ni a mis amigos ni a mis profesores inmediatamente, pero poco a poco se fue siendo obvio. Algunos de mis amigos parecían felices por la noticia. Sin embargo, la mayoría de mis compañeros me ignoraban y me lanzaban miradas muy incómodas. Mis profesores no querían ni mirarme. Escuché susurros y rumores sobre mi virginidad. El hecho de haber tenido un sólo novio en toda mi vida (y no uno por semestre, como la mayoría) no parecía justificar mi reputación ante los demás. No estaba tampoco orgullosa de mi situación, pero sí había asumido la responsabilidad de forma madura.

Antes me encantaba el colegio. Pero al resultar embarazada, me convertí en el objetivo de los chistes de moda e incluso insultos de la gente a mi alrededor. Asistir a la escuela era ahora casi una pesadilla, por lo que decidí que ya no iba a venir a ninguna de mis clases. En la primera mañana, me sentí enormemente culpable por faltar a la escuela. Pero en los días posteriores se hizo mucho más fácil.

Después de una semana, el teléfono sonó. Yo contesté.

-"¿Bueno?", yo dije.

-"Hola, ¿Jazmín? Habla tu decano. Quiero hablarte sobre tu decisión de no asistir al colegio. Me he enterado que estás embarazada, y quiero

133

animarte para que continúes tus estudios y te gradúes en mayo." Mi decano mostraba un sincero tono de preocupación, y me sorprendía su interés. Nadie se había preocupado antes sobre mi graduación hasta ese entonces.

-"Mire, yo quiero graduarme, en serio. Pero mis compañeros no son amables conmigo. Es difícil ponerle atención a la profesora cuando puedes oír que las personas a tu alrededor están hablando sobre ti." Empecé a llorar. Yo quería completar mi preparatoria, pero otras personas me lo estaban impidiendo con esa actitud negativa.

"Te entiendo, Jazmín. ¿Pero podríamos pensar en algunas alternativas? Tal vez se pueda conseguir un tutor para ti. Y también hay grupos de apoyos para las madres jóvenes. Creo que debes unirte a uno de los grupos."

Él tenía razón. Salir del colegio era una decisión cobarde. Dependía de mí cómo tomar la actitud de los demás hacia mí. Graduarme del colegio era importante, aún si nadie más creyera que la graduación fuera importante.

"Dígame más sobre esos grupos, por favor", le dije.

Después de esa llamada, regresé al colegio. Hablé con mis profesores. Se portaron muy comprensivos conmigo. Quedé en hacer mi tarea atrasada fuera de la clase, y lo cumplí. Mi hermosa bebé nació en febrero, hecho que no impidió que me graduara en mayo.

Ahora no puedo imaginar mi vida sin ese diploma. Ya tengo la oportunidad y la fortaleza moral para continuar mi educación superior tan pronto y mi hija sea un poco mayor.

61. DAVID

Deseo ser un policía pero más tarde un agente especial. ¡¿Un agente especial?! "Yo no quiero a las personas que no respetan la ley." Mi historia probablemente te diga la razón de la elección de mi carrera. Nací en la ciudad de México, en el año 1988. Dejé mi país a la edad de 16. "¿Qué pasó?" Había mucha violencia en mi ciudad. Incluso una vez trataron de secuestrar a mi prima. De todos modos, prefiero a México por la libertad, aun y cuando eso implique la libertad para robar, para extorsionar, para abusar del más débil. Yo adoraba la otra libertad. Me encantan las memorias de mi juventud. Mis momentos de la niñez están en las calles de la ciudad. Me encantaba jugar fútbol en las calles. Jugábamos a eso y otras cosas todo el día, toda la noche, sin temor a nada. Recuerdo la libertad de hablar con los vecinos, de celebrar las fiestas de cada uno de ellos como si fuera la de tu familia, de poder ir a la escuela a pie, sin mayor peligro que ensuciarte los zapatos en un charco de lodo. Mas todos los problemas de la violencia odiada por mis padres me presentó un obstáculo nuevo: tenía que venir a los Estados Unidos y empezar algo nuevo.

En el año de 2005, estuve realmente triste por dejar mi pueblo de origen. Llegué con mis hermanos, no sabía ni una gota de inglés y no tenía amigos. Fui a la Streamwood High School, sin saber ni siquiera pronunciar el nombre de mi escuela. Con gran sorpresa me di cuenta que había algo en común con México: ¡tenían equipo de fútbol! Sin embargo, otras barreras surgieron cuando entré al equipo de fútbol de Streamwood. Recuerdo cuando empecé, y mi entrenador hablaba conmigo sólo en inglés y yo no comprendía, así que tuve problemas siguiendo sus estrategias en el juego. Pero creo que finalmente el "coach" (una de mis primeras palabras en inglés) leyó bien mi lenguaje en la cancha, el idioma del fútbol. Llegué a "varsity en mi primer juego. El juego del fútbol me había dado la bienvenida a este país. Por tres años he jugado también con los Elgin Pumas. Esto me ayudó a aprender rápidamente inglés, y hasta conseguir mi primera novia, que era güera. Ahora trabajo en el hospital de St. Joseph con un compañero y amigo de la escuela, y he llegado a tener otros amigos con los que entreno en el verano para permanecer en forma para nuestros deportes.

Si aún no entiendes porque quiero trabajar en la ley de este país una vez que consiga terminar la academia te diré lo siguiente: En México te encanta la libertad que tiene, pero con muchas menos leyes que se hacen cumplir. ¿Entonces de qué sirve tener tan buenas leyes? El futuro policía personalmente ha cambiado, el vivir aquí ha llegado a ser una bendición porque estar en un lugar donde se cumplen las leyes es para el beneficio de todos. Eso me ayudó mucho en mi escuela y en el deporte. Aprendí a conocer nuevas personas que han cambiado mi vida en una manera que estoy por siempre agradecido. Quiero volver el favor, proteger a la gente y cambiar sus vidas. Mi inspiración es mi familia que tiene influencia en mí, me siento orgulloso de mi origen y quiero hacer que mi familia se sienta orgullosa de mí."

62. JOHAN

Quiero tener una carrera en arquitectura. Me gustaría ser un constructor. Primero, tengo que lograr tener el perfil de un constructor, serio, visionario, calculador. Después de graduarme en el instituto de enseñanza secundaria, planeo entrar en una academia militar. Me ayudará a pagar el colegio y sería una buena experiencia.

Mi madre es mi gran influencia. A la edad de diez años mis padres se divorciaron. ¿Será este un mal de la sociedad capitalista? Para mí como latino no era algo muy normal, pero la mayoría de mis amigos estaban igual. El divorcio me acercó más a mi mamá y aprendí a amarla, entendí que la adoraba más que antes. Mi mamá siempre me ha apoyado desde que era muy chico, algo que mi papá no hizo. De él recibía no más que las cosas que se compraban con su cheque, pero de afecto muy poco.

Ella me crió a mí y a mis dos hermanas mayores. Ninguna de ellas se graduó la secundaria. No sé si porque yo era el más joven pude absorber la separación refugiándome en mi madre, y fue por ella que no me dejé vencer en la escuela. Mis hermanas estaban en plena adolescencia. Cuando tienes esa "enfermedad" te da por aislarte, o refugiarte sólo en tus amigos. No pienso divorciarme cuando me case, y si se tiene que dar ese paso, no entiendo por qué los padres esperan tanto para hacerlo. ¿Por qué no conviven como matrimonio lo suficiente para no echarle a perder la vida a sus hijos? En fin, la escuela puede ser difícil, y los padres la pueden hacer todavía más cuando debería ser lo contrario. Pero aún así no hay nada que justifique perder la escuela. Hay estudiantes con discapacidades físicas y mentales que han logrado graduarse. Sólo hay que saber apoyarse en las cosas correctas y buscar la motivación en ti mismo.

Mi otra motivación por la que quiero graduarme es para dar un buen ejemplo a mis hermanas. Quiero demostrarles que ellas también pueden lograrlo, aunque sea después de la edad regular. Yo seré el primero en mi familia, y todos me felicitan por eso. Hay muchos latinos que pasan por esto en sus vidas y yo voy sentir la esencia de ser un orgullo chicano. Después de graduarme, voy a entrar al ejército de nuestro país. Creo que me va a abrir muchas puertas. Además del entrenamiento militar voy a ir al colegio después para ser un arquitecto. Mis sueños son visibles, son realizables, son concretos. Quiero tener una carrera de éxito.

Pero no todo es estudio y trabajo. Me encanta estar con mis amigos. Además disfruto de la música, los carros, los deportes y mucho más. Soy como muchos de ustedes, con limitantes, con problemas de padres divorciados, pero decidí tener un futuro planeado, construido por mí mismo. El apoyo y la influencia de mi madre y mis hermanas, las motivaciones en la escuela y propias, y mi trabajo duro, son la esencia de mi orgullo hispano, raza a la que pienso representar dignamente. Pienso llegar a lugares que no se pueden imaginar.

63. EMILY

Emily va a tener una carrera en criminología y justicia. Ella se graduó de la Larkin High School hace cuatro años.

-"¿Tienes muchas memorias de la secundaria que todavía recuerdas ahora?"

A Emily le encantaron sus días en la institución. Entre sus diecisiete y dieciocho años, Emily fue a un desfile de Puerto Rico que se celebraba en Chicago. En ese desfile tuvo la oportunidad de conocer al gobernador de la isla del encanto. Más importante aún fue que ella aprendió a bailar su baile tradicional, y a conocer sus historia, y a ella misma como persona. Participar en el desfile también le compensó con dinero para sus estudios. Pero la ganancia mayor la tuvo quizá con perder su timidez, y el darle más valores sobre su familia y tradiciones.

-"¿Te gustaría regresar el tiempo para disfrutar la preparatoria otra vez?"

-"No, estoy satisfecha así como todo está ahorita."

Emily estaba estudiando en Elgin Community College, porque quiere hacer una carrera en el departamento de policía. Pero por ahora, no está en la escuela debido a que tiene dos trabajos. Piensa regresar en el próximo otoño del 2009 para acabar sus estudios.

-"Emily, ¿quién es tu mayor influencia?"

Emily dice con mucho orgullo que es su abuelita. "Mi abuelita siempre me dio consejos, ella cuidó de mí, y me enseñó cómo ser fuerte." Además de su abuelita, su mejor amigo de la "high school" fue una persona que marcó bastante la vida de Emily. Cuando ella era más joven, se metió en un programa llamado "Explorando el club de la policía". Allí conoció a Chad. "Él me enseñó todo, fue mi consejero, y me motivó a meterme a criminología y justicia. Hasta me enseñó cómo disparar una pistola." Cuando Emily estaba lista para graduarse de la secundaria, nadie sabía bajo qué presión estaba ella. Chad, quien fue una gran parte en la vida de Emily, y la hizo más fuerte, y la transformó en lo que esa ahora, se había suicidado. Su gran apoyo, su gran mentor, no había tenido el propio. Esto la dejó devastada, mas no fue suficiente para doblarla. Emily nunca tuvo a la figura paterna en su vida. Sus padres se divorciaron cuando ella era una bebé. En su niñez, mamá y la abuelita fueron las únicas personas que cuidaron de ella.

Emily ha hecho algo magnífico, ha encontrado algo positivo fuera de lo malo. Ha parado sus estudios, pero esto en lugar de alejarla de sus sueños la lleva más cerca. En un futuro no muy lejano estará trabajando con jóvenes criminales. Piensa ser recordada como alguien que hizo algo importante para los demás, como Chad, su gran consejero.

64. STEPHANIE

Stephanie quiere tener un trabajo en psicología. En su carrera podrá consultar y ayudar a los que no están haciendo bien en sus vidas. Después de la graduación de Elgin High School ella va a ir a North Eastern College y hacer su especialidad en psicología. En estos momentos al principio del resto de su vida, vienen inmensas memorias a su mente.

"No puedo negar que el verano es mi favorito". Stephanie tiene muchos recuerdos disfrutando del verano junto a su familia. Unos de esos mejores momentos fue cuando estaba con toda una generación completa de su familia: tías, tíos, muchos primos y primas, una reunión que aumentaba a cada momento incluyendo a su propia familia. Todos habían ido a Wisconsin para reunirse, algo que hacían siempre los veranos. Había comidas al aire libre, partidos de fútbol y voleibol, mucha natación. Además, durante este tiempo disfrutaba de sus amigos. "¡Odiaba estar encerrada en casa!, por eso el verano me daba la gran oportunidad de sentir el mundo." Claro que también disfruta leer, ver películas y correr; todo esto le ayuda a tranquilizar su mente. Sobre todo para sobrellevar los malos momentos, como el que tuvo por uno de sus primitos. Había nacido enfermo, y Stephanie, a sus doce años, sufría con la familia. Ese pequeño ser perdió la batalla apenas a los cuatro años. Stephanie se sintió tremendamente mal porque nadie sabía la causa de la muerte. Ni ella ni su familia pudieron hacer nada, y eso la lastimó mucho. ¿Cómo se explican estas cosas a la familia, sobre todo cuando las pocas explicaciones vienen en otro idioma que no es el nativo? A pesar de no haber nunca ido a México, Stephanie domina muy bien el español gracias a la cercanía y tradiciones de la familia, con quienes ha pasado buenos y malos momentos. El don de ser bilingüe se lo debe a sus padres. El don de saber comunicarse con los demás, sobre todo de saber escucharlos, también lo aprendió de ellos.

Por eso es que quiere ayudar a su comunidad en base a lo que ella misma ha sido testigo como hija de inmigrantes. "Este país es un país de locos. Creo que todos necesitamos un poco de ayuda"

65. JUANA

Juana quiere tener una carrera en el fascinante mundo de la moda. Juana siente mucho el orgullo guanajuatense a pesar de que sus padres la trajeron a los Estados Unidos cuando apenas tenía dos años. "¿Cuál país prefieres, México o EE.UU?" Juana disfruta su lugar aquí en los Estados Unidos, pero le encantan sus vacaciones en México. Las vacaciones de verano son sus favoritas. "Me encanta el verano por los grandes momentos que paso; tengo muchas y maravillosas memorias de los veranos en México." Sin embargo, a la edad de nueve, una vez en el recorrido camino hacia el sur, mientras subían una montaña, casi se matan. Toda la familia estaba en pánico. "Ahora me parece divertido", dice Juana con una risita. Pero pensándolo bien, es increíble el número de horas que se tienen que viajar en tan poco tiempo todo con el fin de ver a tus seres queridos. A veces son jornadas de 30 o más horas continuas, sin parar más que a lo de verdad es más urgente, porque la verdadera urgencia es estar con aquéllos que dejaste atrás. Especialmente porque a veces la muerte te cierra la puerta y ya no los ves más, como precisamente en ese verano cuando Juana descubrió el sentimiento de la muerte cuando uno de los tíos que había saludado apenas en México había muerto al regreso de su familia a los EE.UU.

"Otro momento que yo nunca olvidaría aquí en los Estados Unidos fue cuando tenía seis años, en una noche tibia de verano. Mis vecinos vinieron a la puerta para preguntar si quería ver los fuegos artificiales con ellos desde el rincón de la calle. Mirar la belleza de las luces que parecían cobrar vida propia en el cielo se ha quedado para siempre en mis pupilas de niña. Ese gran gesto mostraba una de las maravillas de poder gozar de los mejor de los dos mundos, de las dos tierras, la de aquí y la de allá.

Las inspiraciones de Juana son sus padres y también sus maestros. "Tuve maestros que me dijeron que nunca abandonara mis sueños." El papá de Juana la enseñó a ser fuerte, mientras su mamá le decía que no se olvidara de sus orígenes ni tampoco de su religión. "Seré una modista y nada me podrá detener." La pasión de Juana es crear algo nuevo, algo que nadie haya visto. Por otro lado, hay algo en lo que Juana no ha creído hasta el día de hoy: el amor. Irónicamente, su película favorita es "Titanic". La esencia de la película es el amor. Juana tiene dudas que el amor exista. Nunca ha tenido una relación estable. Volviendo a temas menos profundos, Juana habla de su alimento predilecto: la comida italiana. "Es la mejor, su sabor es impresionante."

Juana tiene frente a sí un futuro alentador en vísperas de su graduación de "high school". Estudiantes como Juana son un buen ejemplo para muchos hispanos para tener vidas exitosas. Son quienes validan el esfuerzo hecho por los padres al venirse a la "tierra de las oportunidades", aprovechando lo mejor de dos mundos. Viéndolo fríamente, es este el único país que realmente conoce, por lo que depende de sus leyes y regulaciones para alcanzar sus metas. Sus sueños presentes como modista y de ser verdaderamente un orgullo hispano seguramente dirigirán a Juana en camino a sus objetivos.

66. MICHELLE

La gran iluminación de Michelle es su madre, quien siempre ha estado con ella. Los padres de Michelle se divorciaron. Hasta este día, ese evento la ha afectado mucho. Una de las tantas consecuencias de estos rompimientos es que su familia tuvo que pasar por muchos malos momentos moviéndose a casas diferentes. "Todo llegó a ser tan triste porque casi ya no veía a mi padre." Las peleas entre sus padres afectaron mucho la confianza en sí misma. "Mi madre y mi abuelita son los que me han ayudado a ser quien soy." A la edad de doce años, algo trágico le pasó a su abuelita. Había estado librando una batalla desigual contra el cáncer, que sin embargo, logró vencer. "Cuando oí que mi abuelita ya estaba bien, ese fue uno de los mejores días de mi existencia, que hasta llegué a llorar de alegría, de orgullo por quien nos apoyaba bastante a mí y a mi mamá." Ese hecho le enseñó a tener fe en la vida, en que algo bueno pueda resultar por más negra que se vea la situación. Ya estando bien su abuela, recordó una fiesta en la que cuando tenía ocho años, su abuela bebió y bailó encima de las mesas. Fue divertido para Michelle. "Creo que si mi abuela hubiera muerto, la habría recordado así, contenta. Habría tomado lo bueno y no lo malo de la vida."

Además de la bendición de haber visto mejorar a su abuelita, Michelle recuerda otras cosas positivas de su infancia. Ella y su amiga Juana habían sido amigas desde el kindergarden. Hicieron la primera comunión juntas, y hasta llevaron vestidos iguales. Pero las grandes amigas tuvieron que separarse debido al mismo problema de la mudanza de casas a consecuencia del divorcio de los padres de Michelle. Mas la luz volvió a la vida de estas grandes amigas el día en que se encontraron de nuevo en la "high school". Ya no han vuelto a separarse. Juana se convirtió entonces en otra gran motivación. Además de preocuparse porque todo fuera bien en su vida ayudándola en lo que fuera posible, estuvieron en competencia. Buscaban tener las mejores notas en cada una de las clases que tomaban, haciendo que las dos tuvieran mejores resultados en todo.

Michelle trabaja en su tiempo libre como uno de sus pasatiempos. Sus diversiones son el arte, voleibol, ir de compras, y hornear pasteles y galletas. Tiene su futuro planeado. Piensa ir al ECC cuando se gradúe. Planea tener una carrera en el campo médico, específicamente en radiología. Ella está emocionada en lo que viene después de la preparatoria y sólo piensa en conseguirlo.

El divorcio de sus padres es una derrota de los padres y no de los hijos. Pasaron muchos años para que Michelle lo entendiera. El futuro la espera, del cual espera el triunfo. Esperar el triunfo es fundamental para que éste venga.

67. ROBERTO

En mi vida había tenido muchas ideas y experiencias pero no había encontrado mi pasión. He pasado por partes favorables y negativas que me han cambiado. Pero llegó un momento en que me di cuenta que tengo muchos sueños en la vida. En mi juventud latina, sé que puedo lograr esos sueños con buena guía educativa, con objetivos factibles, y sobre todo, con la motivación y presencia real de mis padres. Muchos latinos no tienen dirección paternal fuerte. Hay gritos en casa, hasta golpes, pero nada de una buena guía o un buen ejemplo. Ni siquiera tener dos trabajos es un buen ejemplo para muchos chicos. Al casi no ver a sus padres, toman lo negativo de la calle, de los amigos y de la televisión. La guía paternal fuerte a que me refiero es tener padres que compartieron tiempo conmigo, en casa, que estaban ahí para infundir respeto, para que nos fuéramos derechos como dicen ellos.

Mi padre es muy fuerte, y espera lo mejor de mí. Él es la clase de persona que enseña por medio del ejemplo, de los hechos más que las palabras. Mi madre, por otro lado, espera lo mejor en nuestra educación y desea que sea socialmente responsable. Claro está, que como cualquier otra familia, la nuestra ha pasado por buenos y malos momentos. El peor momento fue cuando mi madre fue diagnosticada con cáncer de seno, pero ella venció la batalla. El saber que estaba enferma me hizo ser más fuerte para darle mi apoyo, pero a la vez me enseñó qué tan fuerte puede ser una mujer para resistir el dolor físico, más que un hombre.

Cuando logre terminar mi carrera, voy a conseguir los sueños de mis padres. Les compraré la hacienda que tanto han deseado. No soy el tipo de persona que planeo cosas, no sé exactamente a dónde voy en el futuro, pero sí tengo presente que tengo que ir logrando metas, y verlos contentos es una de ellas. Por ahora voy al ECC, y planeo conseguir mi asociado en ciencias. Mi corazón está en el deporte, en correr, misma pasión que me ha ayudado a crecer física y mentalmente.

Mi vocación por el atletismo me va a ayudar a llegar en buenos términos al final del colegio estando en el equipo del ECC. El empeño que tuve en mi educación y mirar la dedicación de mis padres me ha permitido conseguir sobresalir en la escuela. Es la diferencia con los otros niños latinos que no pudieron conseguirlo.

Estoy muy feliz de haber terminado la "high school", cosa que no ocurre con casi la mitad de los latinos. Cuando tenía sólo cinco años, le pregunté a mi madre a cuál escuela iría. Ella me dijo que primero iría a la primaria, después a la escuela intermedia, y luego a la preparatoria. A esa edad me pareció mucho, pero ahora siento que el tiempo se ha ido demasiado rápido. Parece que fue ayer cuando le hice esa pregunta. Mark Twain, mi escritor predilecto, dijo que, sin la educación, las personas se desaniman fácilmente y fracasan en la vida. Conseguir una educación de calidad es esencial para que la juventud latina llegue a ser exitosa. Con esta educación, poniendo metas factibles, y con el siempre apoyo incondicional de mis padres, yo conseguiré mis sueños, más ahora que he descubierto que tengo muchos.

68. EVELYN

Yo nunca me consideré una niña normal. Sigo pensando que soy muy madura para la edad que tengo. A los ocho años fue cuando comencé a salir a jugar afuera con mis amigos. Los años anteriores no me atrevía a salir, tenía miedo. Vivía en un barrio mexicano lleno de pandilleros y francamente, se veía como un basurero. Había botellas y papeles por donde quiera, cigarros tirados en el piso, y había veces que hasta condones usados se hallaba uno. Si no salía no era porque mis padres no me dejaran, si no simplemente porque yo no quería.

Miedo y precaución se pueden usar para describir mi niñez. Yo jugaba con mis dos amigas a las "Barbies". Nos gustaba vestirlas y peinarlas, hubo veces que hasta les cortamos el pelo. Siempre nos sentábamos en mi porche y entre las tres formábamos un círculo. Yo siempre me aseguraba de tener el espacio más cerca a la puerta, porque cada que pasaba un pandillero, yo le corría. Asociaba la muerte con ellos, y para estar segura, mejor me metía a la casa. Mis amigas me decían, "¡Evelyn! ¿Qué haces? ¡Salte, ellos no te hacen nada! Andan buscando a otros, no a ti." Hasta hace poco me di cuenta de que mis amigas no tenían razón. Siempre supe que nuestro vecindario era de lo más bajo, pero no esperé que mataran a alguien que yo conocía. Cristina era mi amiga en la primaria, ya después no la volví a ver porque me cambié de casa. Un día, por la tarde, ella salió de su casa y en eso vino una camioneta de sentido contrario y empezó a balacear a lo tonto. Las balas la impactaron varias veces y murió. Una joven con futuro por delante se murió a causa de una estupidez, y me puse a pensar que ésa pude haber sido yo.

Gracias a Dios mi papá decidió mudarse de barrio en el tiempo indicado. Siempre he admirado su cariño y su dedicación que tiene para nuestra familia. Aun si no estuvo allí el día en que nací. El veinte de octubre mi papá llevó a mi mamá al hospital porque le habían empezado las contracciones. Eran las cuatro de la mañana cuando mi papá salió a prender el carro y todavía estaba oscuro. De mi mamá nada más se escuchaban quejidos y quejidos. Finalmente cuando llegaron al hospital la pusieron en un cuarto, y le dijeron que todavía no era tiempo, pero que tal vez ese mismo día en la tarde. Pues se hizo la una de la tarde y mi papá, siendo un hombre con apetito, le dio hambre. No había comido nada más que un café. Se pensó a sí mismo, "Todavía no nace la bebé, y dudo que nazca en quince minutos. Se me antojan unas papitas de McDonald's. Al cabo aquí esta luego, luego! No tardo." Se fue sin avisarle a mi mamá, porque sabía que ella se iba a enojar. A cinco minutos de haberse ido, nació su hija. Llegó con los dedos todos mantecosos y con la panza parada. Cuando iba al cuarto de mi mamá se encontró con el doctor. Le preguntó cómo seguía mi mamá y el doctor le contestó, "Señor, su esposa ya tuvo a la bebé hace quince minutos." Las cejas de mi papá se fueron hasta el techo de tan sorprendido que estaba. Pero lo sorprendido se le pasó rápido cuando se acordó de que le iban a dar una regañada por no estar ahí durante el parto. Después que me enteré que mi papá no estuvo ahí cuando nací porque fue a McDonald's, ya no he vuelto a probar sus papas fritas.

Lo bueno que no heredé lo imprudente de mi papá, sino otra fuera. La sensatez es lo mío. Soy parte de una academia para adolescentes sobresalientes en Chicago. Mis clases me están preparando para la universidad, y yo siento que estoy más que preparada. Voy a estudiar la carrera de negocios aquí mismo en la ciudad, para quedarme cerca de mi familia. Todo va a ser a costa del gobierno, porque no somos ricos como muchos de mis compañeros. Pero estoy segura que ese dinero no se ha de gastar en balde.

69. FERNANDO

Yo no soy un inmigrante, pero siento como si lo fuera. Desde niño he entendido por lo que pasan los verdaderos inmigrantes, mis padres siendo unos de ellos. Mis hermanos y yo nacimos aquí, pero luego nos tuvimos que mudar de regreso a México porque se le venció la visa a mi madre. Mi padre decidió tomar el riesgo de quedarse aquí para trabajar, porque allá en Durango no había trabajo. Pasaron tres años y toda la familia estaba reunida menos mi padre. Todos le extrañábamos mucho, pero no era cosa de sentimientos, sino de dinero. ¿A qué padre le iba a gustar estar lejos de su familia? A ninguno.

En Durango, yo vivía con mi abuelita en el monte. Para pasar el tiempo en el rancho, a mis primos y a mí nos gustaba andar a caballo por la placita. Mi abuelo tenía un caballo negro y le llamábamos "El Potrero". Andábamos dos al mismo tiempo y mi abuelo jalaba la rienda. Me gustaba mucho el aire puro y traer mi sombrero puesto. Me sentía muy feliz y orgulloso porque me parecía a mi abuelo.

Recuerdo que la escuela era más difícil que la de aquí. Teníamos que tomar clase de música y esa era la única clase en la cual no participaba. Todos podían tocar la flauta muy bien, menos yo. Me daba tanta vergüenza tocarla que me ponía rojo, rojo como un jitomate. De todos salían unas notas hermosas, y a mí me salían notas horribles que sonaban como animales en agonía.

Después de mi primer año de secundaria, mi padre regresó. Las palabras no podían describir la emoción que sentí cuando lo vi después de tres largos años. Dijo que había venido por nosotros, y que nos íbamos a ir en unos meses. Antes de que empezara mi segundo año escolar nos fuimos en camión a Texas. Allí en la frontera fue donde pasé los momentos más aterradores de mi vida.

Como mis padres eran indocumentados, estaban usando los papeles de mis tíos que ya habían fallecido. Cuando los guardias en la frontera nos vieron a todos juntos y vieron nuestros documentos se dieron cuenta de que los 'sobrinos' se parecían mucho a sus 'tíos'. Fue entonces cuando nos separaron a mis hermanos y a mí de mis padres. A nosotros nos llevaron a un cuarto y nos dijeron que teníamos que confesar. Mi hermano menor todavía era pequeño y le daba mucho miedo estar separado de mi madre. Se la pasó llorando y yo lo tenía abrazado junto a mi pecho para darle consuelo. Después de horas tratando de sacarnos la verdad no escucharon más que mentiras y el sollozar de mi hermano. Pero los oficiales no se dieron por vencidos tan fácilmente. Como vieron que yo era el mayor me aislaron de los demás y me dijeron que tenía que decir la verdad o que mi padre se iba a la cárcel. No les creí hasta que me mostraron que mi padre traía esposas puestas. Eso me impactó bastante, al grado que se me llenaron los ojos de lágrimas y admití entonces que él era mi padre. Sorprendentemente, lo dejaron ir. Quizá porque vieron a la familia que tenía que mantener.

De la frontera nos dejaron en Chihuahua y de ahí tomamos un taxi a Durango y nos regresamos con mis abuelos. Mi padre no se quería quedar en México y decidió que trataríamos de regresar a Elgin. Mis hermanos y yo nos venimos en avión y mis padres cruzaron la frontera por el desierto. Gracias a Dios todo salió muy bien y hasta hoy estamos sin problema. Aunque ahora no seamos ricos, rentamos una casa pequeña pero cómoda. De los esfuerzos que han hecho mis padres he aprendido yo bastante y hasta este día sigo aplicando lo que aprendí. En la preparatoria me ha ayudado mucho, porque me voy a graduar entre los primeros de mi clase, que tiene como a quinientos estudiantes.

Sueño con ser un famoso arquitecto algún día y estoy convencido que lo voy a lograr. Ojalá que ya no vinieran tantos indocumentados, que estudiaran desde allá. Que se vinieran con sus papeles en regla para no pasar el infierno que me tocó a mí. Como arquitecto latino, pienso tratar de ser un ejemplo positivo para aquellos muchachos cuyos padres hicieron el sacrificio de traerlos hasta acá.

70. VANESSA

"Ya la regaste!" Siempre me dicen. Lo que no sabe la gente es que esta frase me trae recuerdos, pero no necesariamente buenos. Mi mamá y papá no eran unos padres ejemplares. Siempre trabajaban o nunca tenían tiempo para mí, así que me dejaban al cuidado de mi tía Nena y mi tío Javier, que vivían en el sótano de nuestra casa. Mis tíos se convirtieron en unos segundos padres para mi hermano y para mí.

Era un día demasiado caluroso, uno de esos días pegajosos en Chicago. Mi hermano mayor y yo queríamos ir al parque y mi tía nos llevó a los dos. Nos fuimos caminando, al fin y al cabo el parque estaba a dos cuadras de mi casa. Mi parte favorita de ir al parque era ir a ver a los animales. Los búfalos grandes me fascinaban, no podía creer que estuviera viendo un animal tan grande. Me daba tentación tocarlo, pero mi tía nunca me dejaba. Me decía, "¿Quieres que te regrese a tu mamá sin una mano? ¿No verdad?" Yo me hacía la muy santita y me iba a jugar a los columpios. Como todavía estaba chiquita, y mi mamá nunca pasaba tiempo de calidad conmigo, yo no me enseñé muy bien a hacer del baño sola. Ese día caluroso, se me antojó hacer "del dos", pero yo ya no tenía pañal porque mi tía decidió que yo ya estaba bastante grandecita para estar usando pañal y me puso un calzón. Así que hice lo que siempre me dice la gente, y andaba de arriba para abajo de la resbaladilla, corre y corre. Después de un rato, me empecé a sentir muy incómoda. Mi tía notó mi cara de sufrimiento y me llamó la atención. No tuve que decir ni una palabra, porque con el olor bastó. De inmediato recogió todas las cosas, tomó a mi hermano de la mano y nos fuimos a la casa. Ahí ya me cambió y ella fue la que me enseñó cómo controlarme.

¡Cómo desearía que ella estuviera conmigo todavía, para que me enseñara otra vez, y esta vez cómo hacer las cosas de gente grande! Que yo me graduara de la preparatoria ya no era un logro tan importante para la familia porque mi hermano se había graduado el año anterior. Si no fuera por eso, a mí también me hubieran hecho una fiesta grande a pesar de que no hubiera dinero. Pero con tal de celebrar, sacan el dinero de donde sea. ¡Hasta a mis abuelitos se trajeron de México! Después de que me gradué de la preparatoria, yo quise tomar un año para trabajar e independizarme. Eso no funcionó completamente como yo planeé. Tener dos trabajos nada más para pagar mi carro, el celular, y la renta. Mis papás como siempre, no se preocuparon por lo que yo hacía, así que yo hice lo que se me antojó.

A mí me conocen como la loca de la familia porque me gusta divertirme. No hago nada malo, nada más que la familia lo ve así porque tienen diferentes costumbres y tradiciones. Pero sí creo que gran parte de mi comportamiento es de una forma mi manera de ser rebelde. Cuando mi tía Nena y mi tío Javier tuvieron a su hija, ya no tuvieron tiempo para mí. Eso me dolió mucho y me nacieron de forma natural los celos. Los primeros meses fueron terribles. Tanto, que hasta llegué a picarle el ojo varias veces a la bebé. Años después, la "bebé" y yo nos convertimos como en hermanas. Lo que más me duele es que ahora, "papivier", como le llegué a llamar a mi tío, no quiere que su hija se junte conmigo. Me pongo a pensar que si yo hubiera seguido al cuidado de mis tíos, otra persona sería.

Pero así es la vida. Lo malo es que uno la va entendiendo hasta muy tarde en algunas ocasiones. En la preparatoria una cree que las amigas van a ser eternas, y muchas veces por andar con ellas pierdes clases. O hasta crees que tienes que ir a la misma universidad o colegio al que vayan ellas. Ahora como casi una adulta, tomo muchas de mis decisiones. Sé que no existe una máquina de devolver el tiempo, y ya no puedo corregir mis errores, pero sí puedo aprender de ellos. Aunque mis tíos y yo ya no tengamos una relación bonita como la de antes, yo les estaré agradecida toda mi vida porque cuando yo más necesité de alguien, allí estuvieron. Y en cuanto a los amigos, conservo a los que valieron la pena, y seguiré teniendo otros más. Todo es parte de la vida, donde de vez en cuando "la voy a volver a regar".

71. Un poco de drama

El reloj marcó la una de la mañana, y yo seguía sentado en mi escritorio, haciendo la tarea. "¡No me alcanza el tiempo para nada!" Entré a trabajar, la escuela, el fútbol, y la familia, así se me va el día. Le doy gracias a Dios cuando tengo un día libre para descansar física y mentalmente. Llego de trabajar como a las once, y empiezo la tarea en la madrugada. Hay veces que pienso que de veras soy un genio. ¿Será porque mis trabajos me salen maravillosamente bien, o porque ya me había tomado como seis "red bulls"? No lo sé, pero como sea, yo sé que estoy bendecido. Desde que era un niño.

Cuando los padres emigran al norte, lo hacen para dar a sus hijos lo mejor, cosas que no tuvieron ellos, aunque con eso, se les quita a los hijos un poco o un mucho de su tierra, a la que se recuerda con nostalgia, aun y cuando pasen ciertas cosas no tan divertidas. Cuando tenía diez años, fuimos de vacaciones a ver a mis abuelitos a Guerrero, México. La casa de mi abuelito era muy chiquita, nada comparada con las que se ven en los EE.UU. Mis abuelos eran muy humildes, pero tenían su buen solar, vacas, gallinas, y puercos también. Un día estaba yo acostado en la cama, cerca del solar. Estaba tratando de dormir, pero era un día de verano bien caliente. ¡Y en Guerrero sí que se siente calor! Fue cosa de un instante en que me volteé, cuando sentí que algo me tocó el pie. Me sacudí, y no pensé más en el asunto. Como cinco minutos después, pegué el grito en el cielo. Todos pensaron que había sido mi hermana, quien estaba dormida junto a mí. Me había picado un alacrán. Mi mamá lo alcanzó a ver y pisó al animal. Dijo que estaba del tamaño de mi dedo gordo. Todos se preocuparon por mí, pero les repetí varias veces que estaba bien, que no quería ir al doctor. No fueron suficientes mis plegarias, porque mi tío me subió a la camioneta. Era nada más de una cabina. Íbamos mi mamá, él y yo. El camino estaba lleno de hoyos. Me estaba mareando mucho. Como a medio camino ya no podía respirar bien. Mi mamá vació varias botellas de agua en mi cara; según eso ayudaba. ¿De qué manera? No sé, pero eso creía mi mamá. Cuando llegamos a la clínica, yo no tenía fuerzas. Seguía luchando por respirar. Mi tío me cargó hasta dentro del consultorio. Me imagino que parecía una escena de película dramática. Mi tío corriendo conmigo en brazos, con una cara de espanto que no es necesario describirla más. Yo bien flaquito y sin fuerza, escurriendo toda el agua que me había echado encima mi madre. Lo último que recuerdo fue despertar y ver a mi mamá a mi lado, como siempre lo ha estado.

Cuando mi mamá perdió su trabajo, todos en la casa tuvimos que esforzarnos a limitar uso de todo. Solamente podíamos comprar las necesidades básicas, y lo que ocupáramos para la escuela. Mi hermana mayor ya no compraba tantas cosas para su apariencia, aunque yo pensaba que para una mujer eso era una necesidad. A mi hermanito ya no se le compraban juguetes nuevos. Para no verlo triste, cuando yo encontraba un juguete viejo por la casa, uno que él ya no había visto en un tiempo, lo limpiaba bien, y se lo envolvía. Cuando lo veía aburrido, me le acercaba con mis manos en mi espalda, y le decía: "¡Te tengo una sorpresa!" Su sonrisita me daba la satisfacción que había espantado de su mente los monstruos del aburrimiento y la tristeza, y que el tiempo invertido en el juguete viejo había valido la pena. Mi papá se vio forzado a meter más horas al trabajo. El problema era que a veces no había tanto trabajo para darle. Fue entonces cuando decidí que tenía que hacer algo para ayudar a mis padres.

En mi segundo año de high school me metí a trabajar en una tienda de zapatos. No pagaban bien, pero como dicen, "algo es algo". En ese entonces no trabajaba tanto, nada más los fines de semana. Pero conforme fue pasando el tiempo, me agarraron más confianza, y como tenía más experiencia, querían que trabajara más. Un poco después de cumplir los diecisiete fue cuando se me juntó todo: el trabajo, la escuela, la novia, el fútbol, y la familia. Sentía que ya no podía. Fue entonces cuando me propuse ordenar mis prioridades. Me di cuenta que algunos de mis sueños tenían que ser suspendidos por tiempo indefinido. Le dije adiós a la novia, y a mi pasión, el fútbol.

En las buenas y en las malas, mis padres siempre han apoyado en todo lo que hago. Cuando decidí tomar clases más difíciles en la preparatoria, ellos me dijeron que creían en mí, y que le echara ganas a la escuela. Estoy a sólo días de graduarme, y mamá ya está haciendo los preparativos para mi fiesta de graduación. A veces pienso que está más emocionada que yo. Pero por dentro sé que está triste porque me voy a ir eventualmente de la casa por primera vez. Parte de mí quiere irse para independizarse, pero la otra quiere quedarse con la familia. La vida sigue, y yo tengo que estudiar para buscar mi sueño, convertirme en ingeniero aeroespacial, mismo que no fue interrumpido a pesar de los problemas que tuve que sortear durante estos fantásticos cuatro años de preparatoria.

72. MIGUEL

Nací el 19 de marzo de 1989. Mi madre me puso el nombre de mi abuelo Miguel. Tengo una hermana. Cuando niño, mi padre estuvo sin trabajo durante mucho tiempo hasta que finalmente pudo conseguir uno. Pero ahí se requería que se fuera de viaje tres semanas a la vez, y luego en casa durante una semana. Mi hermana era seis años menor que yo. Sentía que era mi deber ser un buen ejemplo para ella, sobre todo mientras mi papá estaba fuera. Fue así como maduré y me hice responsable.

Mis padres me animaron tanto para obtener una buena educación. A pesar de que ellos no fueron capaces de ahorrar para costear mi educación universitaria, todavía querían que hiciera todo lo posible para conseguir el mayor número de estudios posible. Desde que era pequeño, mis padres me lanzaron un reto. Me dijeron que mi educación era mi responsabilidad. En la escuela primaria eso significaba que tenía que pagar por mis viajes o paseos de campo. En la escuela media, mis padres esperaban que les ayudara a pagar la matrícula. Para la preparatoria y luego para la universidad, yo estaría a cargo de todos mis gastos de estudio. Ahora tengo recuerdos interesantes de esos años ganando dinero.

En mi segundo año de primaria, mi escuela estaba teniendo un viaje al planetario. Cuando le pregunté a mamá si podía, ella me dijo lo que decía casi siempre. Me recordó que las cosas de la escuela eran mi responsabilidad, y que tan pronto como tuviera los diez dólares ella firmaría el permiso. De inmediato puse a trabajar mi imaginación de niño para juntar el dinero. Lo primero que hice fue pedirle a mi abuela. Ella se limitó a prestarme el dinero (siguiéndole la corriente a mamá) para comprar las cosas que necesitaba para mi plan de vender limonada. Entonces puse mi puesto en la esquina de mi casa. ¡Después de dos días de buen sol me había ganado veintidós dólares! Pude pagarle a mi abuela, pagar por el paseo de la escuela, y hasta me quedaron dos para comprarme algo. El viaje al planetario fue una experiencia que nunca olvidaré. Ese viaje expandió mis horizontes de la vida, y de la ciencia.

Con el fin de ayudar a pagar la escuela media, mi padre me sugirió que empezara a cortar el césped de las casas de otra gente. Me acuerdo que en ese primer verano tuve cinco vecinos que estuvieron de acuerdo para que les cortara el zacate. No creo que hubiese trabajado tan duro como en ese entonces. Me acuerdo de algunos días en que volvía a casa cubierto de sudor, totalmente molido. Algo que me llevaba a pensar en parar el terrible vicio del cigarro que también había comenzado. Cuando me veía así de cansado, mi mamá me recordaba que mi educación no tenía precio, y que iba a ser mi responsabilidad asegurarme de aprovechar mis oportunidades. Así que seguí trabajando. Hice el dinero suficiente para pagar mi matrícula inicial de la escuela, y hasta para comprar un juego de video.

En la escuela secundaria, se puso más duro para ganar dinero. Para pagar mis estudios y seguir siendo capaz de ir al baile de graduación y otros eventos, tenía que conseguir un trabajo aunque fuera de medio tiempo. Trabajé en una tienda de abarrotes de diez a veinte horas a la semana. Me costó un tiempo equilibrar mi trabajo y mis estudios. Empecé a tener malas calificaciones. Recibí pronto mi primera "C". En mi segundo año, mis notas empezaron a deslizarse aún más. Por suerte, pude encontrar otro empleo como vendedor en la tienda de mi tío. La mayoría de las horas eran los fines de semana. Fue así como logré concentrarme un poco más en la escuela durante la semana. Después de un rato, mis calificaciones volvieron a donde necesitaban estar.

Durante la escuela secundaria, he sido un mejor administrador de mi tiempo. Fui capaz de obtener casi una beca completa para mi universidad, y por eso no necesito trabajar durante el año escolar. Como no tengo que trabajar, tengo más tiempo para relajarme y estudiar cuando lo necesito.

Siempre valoro mi educación. Siento que me la he ganado. En el futuro, me gustaría ser químico o investigador. Sigo amando la ciencia, y espero usarla en mi carrera.

73. El momento de la verdad

Edgar y yo íbamos muy en serio cuando en enero me enteré que estaba embarazada. Mi mundo se volteó al revés en unos pocos minutos, no sabía qué hacer, tenía en mi mente a mis padres, hermanas y miembros de mi familia. Las preguntas que cruzaban por mi mente eran: "¿Qué voy hacer? ¿Realmente estoy preparada? Apenas terminé la "high school" y ahora voy a cambiar mi vida de una manera drástica y con muy pocas formas de tomar otro camino. Lo que sí sabía era que iba a tener a mi bebé. Era un pedazo de mí y un reflejo del amor que Edgar y yo nos teníamos. Estaba muy deprimida, mi vida estaba en una cuerda floja, entre contarles la noticia a mi familia y mis padres. También de tener la presión de que sus reacciones no fueran a ser las que yo esperaba. Lo que al final decidí fue reunir a toda mi familia y decirles lo que estaba sucediendo conmigo. Los únicos que podrían ayudarme eran ellos. Vinieron todos mis tíos, tías primos, y claro mis padres y hermanas. Sus caras quedaron grabadas en mi mente después de que les dije. Estaban sorprendidos y espantados, lo que me decían era que estaba muy joven para tener un bebé. Pero finalmente me dijeron que me ayudarían. Tenía cuatro meses de haber empezado la universidad y dejé de ir, ya no podría terminar de estudiar.

Los primeros de mayo me empezaron los dolores en el abdomen. Tenía mucho miedo de que la vida de mi bebé estuviera en peligro. El 16 de junio me llevaron al hospital. Me empezaron a dar las contracciones y estaba dilatada siete centímetros. Pero mi fecha para dar a luz era hasta septiembre dieciséis. Yo pensé que iba a perder a mi bebé estaba muy deprimida y lo único que podía hacer era llorar. Después de muchos minutos de agonía de no saber nada, llegó el doctor y me dijo que me tenía que quedar en el hospital. Me iban a inducir medicamento para parar mis contracciones. Era muy peligroso para mí al momento, pero más para mi bebé. Me hicieron un ultrasonido para escuchar el palpitar del corazón del bebé.

Después de eso me acordé de otra noticia muy triste. Al día siguiente iba ser la quinceañera de mi hermana Cindy, y no iba estar ahí con ella. Es mi hermana menor y la adoro y no iba poder estar con ella en su fiesta, un día muy importante para ella. Al día siguiente muy temprano por la mañana escuché que tocaron la puerta de mi cuarto y la persona que iba entrando era la que menos esperaba en el mundo que estuviera ahí ese día. En el momento que mi hermana Cindy entró con su vestido de quinceañera y sus chambelanes atrás de ella, casi se me salió el corazón, era el regalo más hermoso que mi hermanita me pudo dar. En un día como ese especialmente con bastantes cosas que hacer y seguramente con mucha presión, ella vino a visitarme para que yo fuera parte de su día. Con ella vino el fotógrafo y nos tomaron fotos con todos. La limusina los estaba esperando para ir a la fiesta y se fueron. Me dijo mi hermana que algo faltó en su fiesta y sabía que se refería a mí, pero siguieron con la fiesta y todo salió bien.

A las doce de la noche me empezaron a dar las contracciones otra vez pero esta vez el doctor dijo que no se podía hacer nada para detenerlas. Eran las dos y media de la mañana cuando nació Máyte, mi hija. Pesó dos libras y midió quince pulgadas, nunca la escuché llorar porque inmediatamente los doctores se la llevaron para limpiarla y examinarla por ser prematura. Al final la tenían lista para verla. Estaba en el área de Unidad de cuidados intensivos para recién nacidos donde tenían a los niños en incubadoras. Mi pobre niña estaba cubierta con agujas y cables monitoreando todo lo que pasaba en su cuerpecito. Se me partió el corazón al mirarla, no sabía qué hacer más que llorar. Después de dos días salí del hospital pero iba todos los días a visitar a mi hija. Un mes y medio después, en agosto, al fin nos dejaron traerla a la casa. Mi mama organizó una fiesta de bienvenida para mí y para mi hija ya que no me pudieron celebrar en "baby shower". Mi hija es lo más importante en mi vida y tenerla fue un milagro y un regalo de Dios. Un regalo para el que seguramente no estaba preparada. Un regalo que todavía no me merecía. Un regalo que significa una responsabilidad para toda la vida.

Precisamente la vida se me va a hacer más dura, sobre todo al principio de mi edad ya adulta, como madre. La universidad no estará acompañada de las fiestas de colegio, los viajes de estudio, el pasar grandes momentos con los compañeros de estudio. No seré una estudiante común. Pero apenas regrese a la universidad, trataré de ser una gran estudiante, para crecer como persona, al lado de mi hija y de Edgar, y tratar de seguir aprendiendo y evitar cometer errores donde otros paguen por las consecuencias.

74. DE QUE SE PUEDE, SE PUEDE

Cómo olvidar la noche el Parque Grant en Chicago. Ahí estaba yo en medio de gigantescos alaridos de miles de simpatizantes de Obama. Festejábamos su victoria, la victoria del *Yes, We Can*, adoptado del *Sí se puede*, por el ahora flamante nuevo Presidente de los Estados Unidos. Apenas hace dos días yo acababa de celebrar mi cumpleaños 19, en compañía de mis amigas y compañeras de Loyola, por la mañana, y por la noche con mis padres, con una deliciosa cena en el Italian Village. Y pensar que apenas hace un año pude haber sido deportada a nuestro México Lindo y Querido, tanto de mis padres como mío. Me da horror también el sólo acordarme que quizás ni siquiera estaría hoy aquí, sino en algún hospital, tal vez "especial", para aquéllos que ven mucha lógica en las locuras de su razón por ver a su cuerpo como su peor enemigo, como me pasó a mi varios años atrás.

El enero del 2005 empieza mal, muy mal, con un Tsunami de proporciones inmensas; "un saldo no rojo sino azul". Azul por la pesada tristeza de más 230 mil muertos, por las azules aguas del Atlántico dejando destrucción y dolor. Meses después, hay mucha incertidumbre en el mundo católico y no católico por conocer al Nuevo Papa; sin embargo en el mío, hay dudas sobre mi futuro, al darme cuenta que he perdido la cita de inmigración para arreglar mis papeles de residencia. ¿Quién iba a pensar que es obligatorio que una niña de 14 años tenga que reportar su cambio de domicilio para no perder su cita de huellas digitales? Nos dimos cuenta que la cita se había perdido justo dos semanas antes, cuando mi mamá fue a nuestra antigua casa y se encontró con el dichoso sobre que los nuevos dueños no se tomaron la molestia de comunicar. A mi padre casi se le cae el poco pelo que le queda. Buscó en el escaso tiempo que le quedaba libre para llamar un sinnúmero de veces, para enviar cartas de justificación o explicación a las oficinas de inmigración. Yo por mi parte seguí echándole ganas a la escuela, mi novena escuela en 10 años de estudios, aclarando que no por mi culpa,

sino "herencia" del espíritu viajero y emprendedor de mi padre. No hay
clase que no me saque una A, quizá porque no hay libro que no quiera
"devorar". Pasa el verano, la única respuesta es que si para al cumplir los
18 años no he recibido mi residencia, tendré que dejar este país de las
oportunidades. "Fue su error, y el caso está cerrado". Pero mis padres
no pierden la fe, sobre todo mi madre. Llega Katrina, y con ella, más
dolor, más destrucción por quien consideramos siempre una bendición
como lo es la lluvia, pero quien, en muchas ocasiones, está muy mal
repartida, lo mismo que los niños y el dinero. Katrina dejó ver que en
el gobierno hay muchos errores, culpa de la "burrocracia" que supera la
poca inteligencia de muchos politicos. Pero no todos son así. Mis padres
toman la sugerencia de escribir a uno de ellos, a Obama, senador en el
estado de Illinois. Papá escribe, mientras ve en la tele coronarse a los
White Sox como campeones de la Serie Mundial, una carta a la oficina
de este carismático Senador. Le solicita su intervención en lo que mis
padres consideran fue un error también de parte de inmigración el no
aclararle que todos los miembros de la familia, incluyendo los infantes,
tenían que hacer el cambio de domicilio, como lo hicieron mis padres
siguiendo "religiosamente" las reglas del USCIS.

Llega la copa del mundo de Alemania 2006. Felipe Calderón vuelve
a sorprender al mundo politico de América Latina al tener México
otro gobierno no priísta, y junto a estos eventos viene la gran noticia:
¡Reabrieron mi caso de inmigración! Me dieron otra cita para las
huellas digitales gracias a la intervención del congresista de Illinois Don
Manzullo. Antes de mi cumpleaños 17, por obra y magia de Dios y de
sus ángeles en la Tierra, ya tengo mi residencia. Este evento me motivó a
seguir trabajando duro en mi "high school" y graduarme un año después
entre los veinte mejores estudiantes de mi generación. De mi problema
de anorexia, del que me "contagié" al entrar la adolesencia quisiera
no hablar mucho. Fue una etapa muy dura para toda la familia. Pude
perderlo todo: mis estudios, mi familia, mi cordura. Pasé largas horas en
el Alexian, lejos de mis hermanos, de mi escuela, por haber empezado a
esconder la comida en lugar de comérmela, perdiendo así mucho peso.
Lo que quería demostrar es que no estaba gorda. Pero gracias a Dios
todo ese sufrimiento se vio borrado meses más tarde.

Celebré mis XV años como Dios manda: en una reunión pequeña,
en casa, en familia y con amigos, luego de pasarme una de las semanas
más maravillosas de mi vida en París, en compañía de mi madre, como
elección, muy inteligente creo, de conmemorar así la edad dorada de

una jovencita. Ahora Obama, como presidents de los EE.UU, ya no es tan popular. Pero Sí se pudo. No más problemas de residencia ni de autoestima. Me quiero y me acepto tal como soy. Estoy a punto de graduarme de la Universidad de Loyola. Pienso trabajar como maestra en la hermosa ciudad de Chicago donde me pierdo responsablemente en sus enormes atracciones y vida dinámica, junto a mi novio, quien no es latino, pero le encanta todo lo nuestro, sobre todo la comida mexicana. ¿Y a quién no?

75. UNA BUENA MODELO

Cuando eres la primera hija de la familia es cuando tú tienes una mayor responsabilidad de ser el buen modelo para tus hermanos. Aunque nací en México y viví mis primeros cinco años, los recuerdos de mi primera niñez son tan vagos como un sueño lejano. Mi padre estaba aquí en los Estados Unidos tratando de arreglar nuestros pasaportes. Prácticamente sólo lo miraba o sabía de él una vez al mes. Casi era como si no tuviera padre. Esa era la manera como yo me sentía. La manera que mi papá me mostraba que me quería era mandándome reglalos. Así pasaron mis primeros juegos, mis primeros pasos, mis primeros cinco años. Después del nacimiento de mi hermano, mi padre regresó a México para preparar la venida de toda la familia a los Estados Unidos. Mi hermano tenía un año y cuatro meses cuando íbamos a cruzar la frontera. Estábamos en la tristemente famosa Ciudad Juárez. Lugar de contrastes, de penas, de esperanzas, de lucha. De gente que va de paso, y de gente que queda para siempre ahí, cerca de cualquier lado de la frontera sin que su familia sepa de sus últimos momentos en este mundo. Mis padres habían conseguido unos papeles para mi hermano y para mí para que nosotros pudiéramos venirnos por avión. Recuerdo que el hecho de separarme de mi mamá fue algo muy doloroso. Mi madre y yo nunca habíamos estado separadas. Ella era mi todo. De ella recibía todo el amor natural que una madre puede brindar a sus hijos, y más cuando el padre no está lejos. Claro que me daba mucho gusto estar con él, ya a punto de cruzar, pero no sentí tanto cuando nos despedimos. Nos llevaron con una familia desconocida que nos iba a ayudar a cruzar con ellos en avión. Mi mamá me dijo, "M' hija, cuida mucho a tu hermano, y también tu tía te va a mandar a uno de tus primos para que lo cuides tú". Yo no más tenía mucho miedo. ¡Es que sólo tenía cinco anos de edad y ya tenía que hacer una mamá para mi hermano y también de un primo de 2 años! Pasamos dos meses con una familia de viejitos americanos. Ahí estaba yo cuidando a mi hermano y a mi primo. Durante todo este tiempo no tenía ninguna manera de cómo comunicarme con estos buenos señores que nos habían tomado como sus hijos mientras mis padres intentaban cruzar a los Estados Unidos.

Llegar aquí a Chicago, Illinois, fue un día muy emociónate en mi pequeña existencia. Por fin ya estaba con mi familia. A la semana después, mi papá me inscribió en la escuela. Como ya tenía seis años de edad, me pasaron a primer grado. En México apenas estaba aprendiendo los colores. Lo único que sabía era dibujar. Mi primer año se me hizo muy difícil y muy frustrante. Yo nunca pensé que no me gustaría la escuela. Esa era siempre mi ilusión. Sobre todo cuando oyes de tus padres qué importante es estudiar, saber leer, saber hacer cuentas, y todo eso. Pero, eso que en esta escuela no conocía a nadie ni sabía inglés. Cuando estaba en la clase mis compañeros sabían sus colores, el alfabeto, los números y yo no sabía nada.Me sentía como una "burra", como dicen en México. Yo creo que no les deberían decir así a los que andan mal en la escuela por ser flojos. Yo estuve combatiendo por mejorar en mis estudios durante mis primeros tres años de escuela, como un burro, porque a cómo hacen trabajar a los pobres burros en México. Pero no estaba sola. Siempre tuve a mi mamá ayudándome, sacrificando hasta tres horas de su atareado día para decidicar tiempo a su hija. Le agradezco muchísimo, porque sin ella yo nunca hubiero hecho lo que estoy haciendo ahorita. Después de mis tres años de escuela, he estado en el cuadro de honor desde el tercer grado hasta el grado doce. Recibí en mi sexto año el reconocimiento ***Those Who Excel Award*** por los maestros. Fue hasta el séptimo grado que me fui a clases regulares, o sea, de todas las clases en inglés. Hasta ahorita soy una estudiante muy buena, como dicen los maestros. Participé cuatro años en el equipo de fútbol de mi preparatoria, dos de ellos en "varsity". Ahorita soy una estudiante en Elgin Community College donde ya estoy por terminar mis dos años. Estoy viviendo unos de mis mejores momentos para mí y mi familia por haber sido la primera generación de graduarme de High School e ir al colegio. Creo que ese era el sueño de mis padres. Ahora entiendo muy bien el sacrificio de mis padres, sobre todo de él, al alejarse por tanto tiempo de nosotros. Con todo estoy que hemos pasado en nuestra vida en verdad no veo que vaya a ver algo que pueda pararme para hacer algo más de lo que he hecho hasta ahora. Puedo y me debo superar cada día. Y por eso es una realidad que estaré muy pronto en el camino para convertirme en una doctora, un día de éstos.

76. JUAN

Todo era perfecto, hasta que tuve que mudarme a Illinois. Había crecido libre y feliz, y en Chicago me la pasaba encerrado y con frío. Las escuelas de California no eran muy grandes, pero tenían edificios diferentes, y teníamos que salir para andar de clase en clase, Cuando llegué a Chicago, me encontré con una preparatoria de un solo piso. Todo se me hacía aburrido. Tengo que confesar que una de las razones por las que no me quería mudar a Chicago era por el clima. Odiaba el frío, y lo sigo odiando. También porque yo me sentía muy apegado a mi familia de California. Allá vivía con mi abuelito, mi abuelita, y mis padres. Yo adoraba a mi abuelo, y me encantaba pasar tiempo con él. Siempre que había algo de comer, yo agarraba una cucharada y se la llevaba. Como él era muy alto, yo no lo alcanzaba, ni aunque él estuviera sentado. Entonces mi abuelito se movía de lado a lado, haciéndomela más difícil. Me divertía mucho, nos la pasábamos carcajeando. Pero finalmente se rendía y se comía lo que yo le daba. Siempre decía: "¡Ay, qué saladito!, o "Ay, qué dulcecito!" Mi abuelita le decía: "Viejo, te comes todo lo que te da sin saber ni qué es! Un día te va a dar mierda, y eso mismo te vas a comer!"

Fue un día caluroso cuando llamaron a mi mamá del hospital. Yo estaba viendo las caricaturas y jugando con mis carritos cuando mi mamá me tomó del brazo y me llevó con ella. Llegamos al hospital y mi abuelito estaba acostado en la cama, dormido, pensé. Corrí hacia él gritando, "¡abuelito, abuelito, ya llegué! Pero él no me decía nada, ni un gesto siquiera. Se me hizo muy raro, porque de toda la gente, él era el que siempre me saludaba. Volteé y miré a mi mamá con una cara de confusión revuelta con sentimiento, mientras ella trataba de darme una sonrisa, pero era inútil. Me sentía perdido, no tenía idea de lo que estaba pasando. Cuando me explicaron, me di cuenta de que había perdido a mi mejor amigo.

De niño era muy inquieto y escandaloso. Ahora de joven, ya no soy nada como era de niño. Ahora estoy estudiando para ser abogado, con el apoyo total y económico de mis padres. Yo los admiro mucho, pero en especial a mi papá. Su ética es impresionante. Llegó de México sin nada, y empezó desde cero. Hasta este día, se la pasa trabajando, y él fue el que me enseñó el significado de la palabra "trabajar". Por otro lado, mi mamá me espanta. Le tengo miedo, pero miedo del bueno. Como soy hijo único, siempre tuve esa presión de ser perfecto. Mi mamá siempre estuvo pendiente de mi educación, y no dejaba que se me pasara ninguna oportunidad. Lo que sí le reprocho es que nunca me preguntó qué es lo que yo quería, nada más lo que tenía que hacer. El hecho de que yo vaya a ser abogado enorgullece bastante a mis padres. Cuando mi papá se siente orgulloso de mí, me siento como caído del cielo.

En mi fiesta de graduación, después de que todo mundo se había ido, mi papá dijo un discurso. Para ese entonces, él ya estaba bien borracho. Ya tenía la mirada perdida. Si le hubiese dicho que caminara en línea recta, hubiera fallado miserablemente. Mi prima Cecilia, quien es estudiante de la escuela a donde iba a estar yo, se había quedado a limpiar. Con una mano en mi hombro, y la otra con la 'corona', le dijo a Ceci: "Cuídamelo, es mi único bebé. Éstate al pendiente de él, y asegúrate que . . . ." de repente le dio hipo, pero continuó, . . . que esté bien. Te voy a llamar todos los días, ¿eh?". Ceci nada más se rió y le dijo. "Sí tío, no te preocupes." Luego mi papá me dio "un abrazo de oso" y comenzó a llorar. Yo le devolví el abrazo y lo llevé a su cuarto.

Esta historia de mi vida hasta ahora se puede decir que es sobresaliente. Para mí, sólo he hecho lo que se suponía que tenía que hacer, en parte para mí, pero cómo fracasar cuando tienes tanto amor y apoyo a tu alrededor, tanta admiración y tanto orgullo de cada uno de los miembros de tu familia, por más lejos que estén, o aunque ya no estén contigo, como mi abuelo, o aunque ya vivas con un clima poco amigable como el de Chicago.

77. ARMANDO

Cuando era niño, viví en Pátzcuaro, México, donde mi familia vendía tortillas. Una de mis comidas preferidas era precisamente las tortillas con sal, no sé por qué. La casa de mi familia era verde, naranja y muy pequeña. El piso estaba hecho de tierra y muchos bichos compartían la casa con nosotros. Mis abuelos vivían en una granja. Me gustaba ir a su casa porque tenían animales para jugar con ellos. Ellos tenían un viejo caballo que se llamaba Chale. Adoraba a Chale con todo el corazón. Mi hermana menor, Adina, y yo le dábamos de comer manzanas, zanahorias, y césped. Recuerdo a mi abuelita quien hacía tamales. Sus tamales eran los mejores de todo el mundo. Estaban rellenos de queso y carne, a veces tenían verduras.

Mi familia decidió mudarse a los Estados Unidos cuando yo tenía seis años. Por mucho tiempo, ellos decían que los Estados Unidos era la tierra de las oportunidades. Nos mudamos a Chicago, donde mi padre deseaba encontrar un mejor trabajo. Fuimos inmigrantes ilegales por mucho tiempo. Afortunadamente, mis padres sabían qué tan importante era ser legal. Ellos no deseaban que mi hermana y yo creciéramos sin papeles porque podría haber problemas en el futuro. No tomó mucho tiempo para aprender inglés. Fue fácil para mi hermana y para mí, pero mis padres todavía tienen problemas para hablarlo. Hasta este día, su inglés es malo. Hoy somos ciudadanos de los Estados Unidos. Yo me siento orgulloso que mi familia venció estos duros obstáculos.

Hay un día en mi vida que me recuerdo muy bien porque fue un día triste y frustrante. Mi mamá estaba en el teléfono en la cocina. Ella no estaba hablando mucho. Yo traté de escuchar pero no podía oír mucho. Cuando ella colgó el teléfono, ella me dijo que me sentara. Me explicó que mi abuela se había muerto. Al principio, yo no sabía cómo responder. Estuve callado por mucho tiempo hasta que mi mamá me preguntó si estaba bien. Me sentí culpable por haber partido de México y nunca haberlo visitado.

Lloré por mi abuelito y porque yo nunca vería a mi abuelita otra vez. Pasé mucho tiempo en su granja jugando con los animales y ayudándola en la cocina con mi hermana. Recuerdo su delantal azul que absorbía las lágrimas cuando me raspaba la rodilla o golpeaba la cabeza. Deseaba que su delantal pudiera absorber las lágrimas ahora, pero era imposible. Yo no había visto a mi abuela en mucho tiempo y ahora yo había tenido la oportunidad de despedirme. Eso es lo triste de vivir en este país. El no tener la oportunidad de despedirte de la gente que más quieres, la que llevas en la sangre, la que alimentó tu espíritu cuando niño. A pesar de cuán triste estaba, los días pasaron. Aunque yo siempre sentiré la pérdida de mi abuela, el tiempo ha hecho que la tristeza disminuya. El tiempo lo cura todo.

Toda mi vida he tenido que trabajar duro. Aprendí de mi papá y mamá. Ellos trabajan duro todo el tiempo para poner comida en la mesa y darnos buenas vidas. Estoy agradecido por todo lo que ellos han hecho. A pesar de asimilar pronto el inglés y la cultura anglosajona, la escuela no fue fácil para mí. Sin embargo, me gradué con A's y un GPA de 3.6. Mi familia estaba tan orgullosa, tuvimos una fiesta para celebrar. Fui un modelo a imitar para mi hermana más joven porque ella se graduó también con notas buenas. Espero que mis niños y los de mi hermana y todas las futuras generaciones puedan tener el éxito que yo he tenido, sabiendo sobreponerse a los golpes que da la vida, aquí y en México, donde parte de esa vida estará por siempre.

78. CRISTINA

La mayoría de los padres de mis amigos vinieron a este país en busca de mejorar su situación económica. Mi familia tiene una historia muy interesante. Antes de que yo naciera, mi abuelo fue un policía secreto para Batista en Cuba. Le pedían básicamente asesinar personas, así que decidió renunciar a su trabajo. El gobierno de Batista lo vio como un traidor, y asociado con la gente de Fidel Castro, trataron de asesinarlo. Fue por eso que mi abuelo emigró a los Estados Unidos. Mi abuela y mi papá permanecieron en Cuba hasta que mi abuelo pudo encontrar trabajo. Mi abuelo primero vino a Miami, Florida. Luego viajó a Chicago donde tenía algunos amigos. Después de un tiempo finalmente pudo traerse a su familia. Se movieron a Batavia, y más tarde a Elgin, siguiendo la ruta de los trabajos. Aquí han estado viviendo desde entonces. Si mi abuelo se hubiera quedado en Cuba, quién sabe si yo hubiera nacido.

Yo nací en el hospital St. Joseph. Tengo una hermana menor. Cuando yo era niña, hice gimnasia y acrobacia ("tumbling"). Practiqué la gimnasia desde los seis años hasta que fui una estudiante de primer año en la escuela secundaria. Entonces me convertí en porrista de mi "high school". Yo era una de las pocas latinas en el grupo de porristas. Mi familia siempre habló español en la casa, así que crecí hablándolo también. Les agradezco eso en el alma, pues muchos de los estudiantes de apellido hispano no lo hablan. Pero aún así lo estudié en la preparatoria para perfeccionarlo y escribirlo mejor.

Una de mis pasiones son los perros. Mi familia tenía un pastor australiano que alegró mucho mi niñez. Recuerdo tratar de jugar disco volador con él, pero simplemente me ignoraba. Una vez, y otra vez tiraba yo el disco esperando a que lo agarrara, pero el perro sólo me miraba como si estuviera loca. Traté de enseñarle, hasta leí libros para aprender a entrenarlo. Pero nada funcionó. Finalmente me di por vencida.

La educación siempre ha sido importante en mi familia. Mi abuelo fue a la escuela por trece años antes de entrar al ejército. Mi abuela sólo logró llegar hasta el tercer grado, más por cuestiones de familia que por ella misma, pues es una poeta natural. Su educación y amor por las letras sobrepasaría la de muchos doctorados en literatura. Mi papá fue al colegio, luego consiguió su maestría, y fue el primer administrador hispano en nuestro distrito escolar u-46. De hecho, él empezó el programa bilingüe con mi mamá, a quien le enseñó español e inglés en la escuela secundaria. Ella tiene su maestría en educación especial, y es examinadora bilingüe. Con todos estos antecedentes, se esperaba que yo me graduara de la escuela secundaria y fuera al colegio. Fui a la universidad de Iowa y al Colegio de Columbia. Tengo una maestría en "Gifted Education" o Educación para niños con talento excepcional. Me gusta enseñar porque creo que la educación es el componente básico de la vida. Yo también le agregaría valor, como el que tuvo mi abuelo, para hacer lo que sus valores le marcaban, y poder tomar el destino en sus manos, como lo hizo muchos años atrás saliendo de su hermosa Cuba.

79. FRANCISCO

El día en que llegó la carta desde la "Northwestern University", me puso nerviosísimo. No sabía qué pensar cuando regresé de la escuela y vi esta pieza de papel colocado en la mesa, y mi madre viéndome a mí, diciéndome "Ábrela, mijo". La carta llegó para mí, Francisco, y hablaría de si me aceptaron o no. Mis manos temblaron al tocar el sobre que contenía la carta.

No quería abrirla, pero a la misma vez, quería abrirla con tanta fuerza, tirar el sobre a cualquier lado y sólo enfocarme en lo que decía la carta. Lentamente, empecé a abrir la goma que cierra todas cartas formales, y cerré mis ojos con mi madre postrada a mi lado, viendo sobre mis hombros ansiosamente.

"¡Mamá!" le dije, "¡No seas así, espera hasta que haya abierto la carta"! La empecé lentamente y tiré el sobre al fondo de la mesa. Comencé a leer: "Dear Francisco, we are sending you this letter to formally congratulate you upon your acceptance into Northwestern University for the fall 2009 term." Terminé allí, y tiré la carta a mi mamá, corriendo por toda la casa y gritando, "¡Me aceptaron, me aceptaron!" Y entonces fue cuando pensé, "¿Cómo voy a pagar por todo esto?"

Me pegó como un cubetazo a la cara. Pues mi padre no podría pagar por todo porque no tiene trabajo seguro. Tengo poco dinero en mi cuenta bancaria, no es suficiente para pagar la universidad. Después de este pensamiento, pensé de nuevo: "¡Ah sí, tengo todas esas becas esperando para mí para la universidad!"

Después de algunos minutos pensando y todo eso, todavía no podía creer que me hubieran aceptado a la Northwestern. Mis notas no eran las más sobresalientes en la preparatoria. Tenía un 3.0 en mi GPA, y solamente un 25 en mi ACT, no son las marcas usuales que tienen estudiantes de Northwestern, pero lo que les gustó más de mí, yo creo, fueron mis talentos. Soy músico, estoy aprendiendo idiomas de mis amigos, y eso les interesó mucho, tanto que me aceptaron a asistir en su universidad con una beca también. ¡No podía creerlo!

¿Qué pueden pensar o esperar los demás de mí? Simplemente, que voy a tener éxito donde vaya en la vida. Así quiero pensarlo, así quiero creerlo, y por lo tanto, así será.

80. CARLOS

He vivido en los Estados Unidos casi toda mi vida, pero no desde el principio. Mi papá y mi mamá son de México, y cuando era un bebé de 10 meses decidieron venir a los Estados Unidos para hacer una nueva vida mejor que sólo sobrevivir en México. Cruzaron la frontera conmigo en sus brazos y vivieron en Texas por un año. Después de esto se vinieron a la ciudad de Chicago porque tenían familia y amigos aquí. Rentaron un apartamento en el barrio de Logan Square, un barrio que no es muy bueno, pero tiene mucha vida y personalidad. Yo vivía allí y fui a la escuela preparatoria Roberto Clemente. Era una escuela muy grande y muy, muy mala. Nuestros libros eran como de hace 20 años, y teníamos muchas peleas y era posible comprar drogas dentro de la escuela. Pero yo fui un estudiante muy bueno Estudié mucho, y trabajé duro en un mercado muy pequeño que tenía mi papá. Quería ser un doctor, porque me gustaba mucho la ciencia y la biología.

Finalmente mi trabajo duro tuvo éxito, y yo fui a la Universidad de Illinois. Me ofrecieron muchas becas porque tuve buenas notas en la escuela secundaría. Me gustaba mucho allí, y ahora tengo muchos amigos que son de mis días en la universidad. Era otro mundo allá en la Universidad en comparación con el mundo al que estaba acostumbrado. Fui uno de los pocos mexicanos, y logré ser el presidente del club Mexicano de la Universidad. Después de recibir mi título, regresé a Chicago y trabajé en un laboratorio de un hospital para ahorrar suficiente dinero para asistir a la Escuela de Medicina de la Universidad de Ohio. Mis padres me ayudaron lo más que pudieron. Hasta mi mamá empezó a trabajar a jornada completa en una fábrica, algo que nunca había hecho antes. Mientras que estaba en Chicago me enamoré de una muchacha que había conocido en la escuela secundaria.

Me fui a la escuela de medicina y trabajé muy fuerte. Hablaba por teléfono con Claudia cada día porque ella me hacía mucha falta. Me di cuenta que quería estudiar para ser doctor familiar. Quería ayudar a mucha gente como doctor, y me parece que el ser especialista es muy pesado.

Me gradué de la escuela de medicina a los 27 años, e inmediatamente me casé con Claudia. Después de tres años más trabajando y estudiando en un hospital en Chicago, lo que se llama una residencia, Claudia y yo nos fuimos a vivir a Aurora. Hoy todavía estamos allí. Ahora yo trabajo en una clínica del hospital Mercy Medical Center, curando y cuidando a muchos pacientes. Los desafíos que confronté como joven en mi vida me ayudaron a tener compasión y simpatía con la gente, y me inspiró a escoger mi carrera. Yo no escogí dónde nací, ni dónde crecí. Pero sí escogí mi futuro. Por eso ahora tengo un gran presente.

81. MARGARITA

Nací en Elgin, IL. En el primer y segundo grado yo fui a la Primaria Grant. Fui la única estudiante en mi clase que sabía hablar inglés y español. Ayudé mucho a los hispanos en mi clase para que entendieran lo que estaba diciendo la maestra. El vecindario donde vivía estaba cerca del río Fox. En el vecindario vivían personas buenas y malas. En mi casa vivían mis dos hermanas, padres, abuelos hasta que yo cumplí nueve años. Teníamos muchos problemas con el dinero. Mi padre no tenía mucho trabajo, pero éramos felices. Cada día teníamos primos o tíos en mi casa, y muchos amigos en el vecindario. Pero un día muy terrible, todo cambió.

Mi primo Alex vino de California. Vivió con mi familia por dos años, y era una persona muy buena con un carácter muy bueno. Él tenía 17 años y todos los días ayudaba a mi familia con todo lo que queríamos. En California, él usaba muchas drogas, era miembro de una ganga o pandilla. Esa fue la razón que se había movido de California. Necesitaba escapar de sus amigos malos, por lo que él y su mamá se vinieron a Elgin. Aquí Alex se recuperó mucho, y no usaba drogas ni estaba en malas compañías. Estuvo cerca de graduarse, pero un día cuando caminaba en la calle a lado de mi casa con uno de sus amigos de "Larkin High School" un hombre de una pandilla bastante peligrosa confundió a mi primo por otro hombre que era su rival.

Después de esto mi familia y yo estábamos devastados. No pude ir a la escuela por un mes porque estaba muy deprimida. Lloré mucho, me sentí que no podía hacer nada para salir adelante. Después de esto había muchas peleas entre mis padres, luego se separaron. Esto fue un obstáculo muy grande para mí. Pero mi mamá y mi tía (la madre de Alex) me motivaron a estudiar y a ir al colegio. Los dos primeros años en el colegio yo tenía muchos problemas con mis estudios. Pero trabajé mucho en la oficina de una doctora en Elgin. Y mis amigos en esta oficina me ayudaron y me inspiraron a seguir estudiando y elegir buenos caminos.

Ahora estoy en mi primer año en la universidad de Iowa. Estoy estudiando para ser una periodista porque me gustaba mucho escribir cuando asistía a la "Larkin High school." Tengo muchas becas para mi escuela, y tengo muchas oportunidades para crecer como persona. Me falta Alex de vez en cuando, pero yo sé que su espíritu está conmigo siempre y quiero trabajar fuerte por la memoria de él y para mi familia. He pasado muchos obstáculos en mi vida, pero estoy muy contenta que pude pasarlos y hoy soy una persona más fuerte gracias a esto.

82. NOCHES FRÍAS

El día era frío. Recuerdo ver los ojos de tristeza de mi madre. Mi padre nos había abandonado años atrás. Ella era la única persona con la que podía contar. El sistema de calefacción no estaba trabajando en nuestro carro y no sabía a dónde podíamos ir. Todos los hogares para las personas sin algún lugar para vivir eran sólo para las mujeres o niños o ya estaban llenos. Yo tenía quince años y no calificaba como niño. Nos metimos en nuestro carro y agarramos todas las colchas y chaquetas viejas de que disponíamos. La noche hizo su esfuerzo natural para congelar nuestros cuerpos pero a nosotros nos defendió nuestro instinto natural de supervivencia. Dormí pegado a mi madre. Traté de soñar en ayudar a otras familias que la vida hubiera olvidado totalmente en la calle, pero el frío no me dejaba. Sólo pude pensar en sobrevivir esa noche intolerable.

Yo he trabajado por todas las cosas que he recibido de la vida, y no ha sido fácil. Desde chico aprendí a decir mentiras como forma de subsistencia. Mentía en la escuela sobre dónde vivía. Nos movíamos en el carro a diferentes partes de la ciudad para evitar alguna sospecha que no teníamos casa. No tenía muchos amigos y hablaba muy poco. Los maestros no me preguntaban sobre mi apariencia no muy pulcra algunas veces y yo no la explicaba. Vivía solamente para acompañar la vida de mi madre. Por eso la escuela no era tan importante para mí. Nunca creí que pudiera escapar de la pobreza, y por eso ni siquiera hacía el intento por medio de la educación. Como mi madre estaba trabajando, era yo era el que tenía que hablar con la trabajadora social para encontrar un lugar permanente para vivir, por lo que tenía que salirme frecuentemente de la escuela. Mis notas en las clases seguían bajando a medida que avanzaba el año. Finalmente a los dieciséis dejé la escuela y encontré un trabajo en un taller mecánico. Creía que un diploma no podría cambiar mi vida, y sí los dólares que recibía por semana.

A los diecinueve me di cuenta de mi error. Con mi trabajo podía apoyar a mi madre y pagar todas las cuentas, pero sentía que no podía crecer como persona. No podía ganar más o abrir un taller mecánico porque no tenía un diploma o la educación específica necesaria. Decidí hacer mi GED para mejorar mi vida. Lo logré, y ahora estoy tomando clases en el ECC en el programa de mecánica. Ahora que estoy preparándome puedo darme cuenta que mi sueño de tener un taller es más fácil. Mi madre está feliz porque terminé la escuela. No quiero tener hijos para luego permitir que pasen un día sin comer. Quiero cambiar primero mi situación. No puedo hacer eso sin la educación. El dinero se gasta o se pierde, pero la educación no.

83. EDUARDO

Cuando vine a los Estado Unidos yo no entendía inglés. Era uno de los pocos hispanos en mi clase de la escuela primaria, localizada en un pueblo con muchas granjas. No tenían ayuda para los estudiantes que no podían hablar inglés. ¡Cómo se me hizo difícil aprenderlo! Cada día que iba a la escuela me sentía totalmente confundido. No aprendía nada porque no entendía lo que me decían. Además era muy terco y muy callado, me daba vergüenza hablar, y pues así menos. Mi papá no estaba en casa la mayor parte del tiempo porque trabajaba día y noche con mis tíos. Mamá estaba ocupada con mis hermanos menores y su trabajo también, y de plano no tenía tiempo para mí. Me sentía muy solo y muy triste.

Una de las ventajas de ser niño es que un segundo idioma se aprende de forma natural, casi sin darse uno cuenta. Poco a poco empecé a entenderlo más, y el encontrar una razón para hacerlo me ayudó más. Como en la casa no había dinero para hacer nada que no fuera nada de lo rutinario, para hacer algo nuevo, de lo mucho que hay en un país como éste, los paseos escolares eran un acontecimiento grandioso. Un día, con mi clase, fui al majestuoso Museo de ciencias e industria de Chicago. Me quedé fascinado con todo, pero más con una exhibición de aviones. Hablaba mucho sobre la historia del vuelo y los aviones, y de cómo funcionan. Después de esta visita, encontré una meta en mi vida. Quería ser piloto. En el mismo viaje al museo encontré otros niños con el mismo interés que yo, y fue la forma en que hice mis primeros amigos en los Estados Unidos. También tenía una meta de estudiar y de aprender más inglés. Ya no estaba solo.

Al día siguiente que regresé a la escuela casi inmediatamente empecé a leer libros de la biblioteca sobre el vuelo y los aviones. En el gimnasio tomé clases extras de matemáticas y tecnología. También tuve un maestro de física que me ayudó mucho. Él nos llevó a mis amigos y a mí a un aeropuerto pequeño que está en Hampshire. Vaya experiencia que marcaría mi vida.

Ahora he sido aceptado en la Universidad de Illinois, y quiero entrar en su programa de aviación. Me dan mucha ayuda con mi situación financiera. Mi familia está muy orgullosa de mí. Ese viaje al museo de ciencias cuando estaba en quinto grado fue la causa del surgimiento del gran cambio en mis esperanzas y vida escolar. También la suerte de contar con un maestro de física que apoyara mi sueño fue determinante. Estoy muy emocionado sobre el futuro, y espero ser un buen piloto. Desde el aire, toda la tierra se verá uniforme, sin ninguna raza o idioma en especial.

84. STEPHANIE

Eran las tres de la mañana cuando abrí los ojos y escuché los paramédicos murmurar "no te pares, todo estará bien." Se me acercó una señora y me explicó que me encontraba en la sección de rehabilitación del hospital. Me dijo que me tendría que quedar ahí el tiempo que ellos creyeran necesario. Me enseñó dónde iba adormir y me acosté. Cuando desperté llegó la señora otra vez y comimos el desayuno mientras me explicaba la rutina del día, que era desayuno, plática, tiempo libre, almuerzo, plática, tiempo libre, cenar y por última vez platica. Yo pensé: qué aburrido es esto. En las pláticas nos preguntaban cuáles eran nuestros problemas, qué nos causaba inquietud y qué nos hacía feliz. También nos daban lecciones sobre las drogas y las partes del cerebro que son afectadas por las drogas. Me enseñaron cuáles eran los químicos que producen "felicidad" en el cuerpo humano y por qué las drogas no curan la depresión. El segundo día me dijeron mi diagnóstico. Era mi primer episodio de depresión y tenía PTSD o post "traumatic stress disorder". PTSD es cuando pasa por algo que causa trauma y eres afectado después. Cuando tenía un episodio, por un momento se me olvidaba dónde estaba y regresaba a un lugar muy feo de mi pasado. No tenía ningún control de cuándo o dónde me pasaba. Llegó el fin de la semana y con él mi liberación del programa. No diré que encontré una solución a mi problema pero sí que aprendí bastante. Aprendí que hay que luchar y ser feliz a la vez. Aprendí que el dolor es algo universal aunque los problemas aparenten ser individuales, como un maestro entiende que cada estudiante aprende de maneras diferentes pero la lección del día es para todos.

Tenía un minuto para llegar a la clase de inglés de cuarto período y no tenía tiempo para hacer otra cosa más que ir directamente a clase. Entré al salón exactamente cuando la campana sonó y me sentí una triunfadora por llegar a tiempo, ya que era raro cuando lo hacía. Pero mi alegría no duró mucho. Cuando apenas me iba a sentar mi maestra me dijo "¿qué estás haciendo?" No entendía a qué se refería. Entonces me quedé viéndola y creo que eso la puso más furiosa. "Stephanie, ¿cómo vas a llegar a clase sin un lápiz o papel o algo!" y se dirigió a su escritorio y sacó un papel y sabía que me iba a mandar ahí. Estaba en la oficina de los "deans". Ya me conocían todos y hasta creo que me tenían cierto cariño. Ya había estado muchas veces ahí pero para ayudar traduciendo a padres y cualquiera que lo necesitara. Mi "dean" me llamó y me dijo que entrara a su oficina y entré. Ella cerró la puerta detrás de mí. Me senté en la silla en frente de su escritorio y ella se quedó ahí parada, sobando su cuello. Se veía cansada y volteó a ver su escritorio que estaba lleno de papeles y se veía que tenía mucho que hacer. Estiró la mano y le di mi papel. Lo leyó y se dirigió con una mirada represiva más no agresiva. "¿Quién crees que eres? Ya estoy cansada de verte aquí. Sé que eres mejor que esto. Yo tengo mucho que hacer y no quiero estar perdiendo tiempo con esto. Yo sé que tú sabes lo que tienes que hacer y te estoy ordenado que lo hagas. Necesito que arregles tus asuntos para que yo pueda arreglar los míos." Siguió gritando y estaba sorprendida, no creí que esto estuviera pasando. Nunca la había visto gritando y menos a un estudiante. Ella siempre hablaba con una voz calmada y tranquila. Después que terminó, no sabía qué decir y le pregunté por qué me gritaba y me contestó en tono que mostraba una empatía sincera: "porque me importas y sé que no vas a cambiar sin que alguien te diga la verdad." Me abrió la puerta y me fui a clase. Ella me abrió los ojos y por la primera vez sentí que alguien creía en mí. Desde ese día entonces no regresé a esa oficina y cada vez que la veía me sonreía.

Las personas más importantes son las personas que creen en uno. Esas son las personas que apoyan mis sueños y ambiciones. Un día planeo escribir un libro y sé que lo haré.

85. DESDE ADENTRO

Mirando hacia atrás, en la carrera académica de mi escuela secundaria, yo no pensaría que yo era alguien con la inteligencia superior. Aprender y hacer la tarea eran mis mayores debilidades. Desarrollé mis habilidades de baile porque yo había tomado clases desde que yo tenía 4 años. Además de eso, yo no lograba conseguir esa misma actitud con mi trabajo escolar. En el tercer grado, mis padres me dejaron atrás un año porque ellos no sintieron que yo progresaba como yo debería haber estado haciendo en la escuela.

El primer día de la escuela cuando tuve que repetir el año, fue realmente incómodo para mí. Sabía que cada persona se burlaba de mí. Me sentía tonta y fracasada porque mis amigos y otros compañeros de clase se habían ido al cuarto grado. Por un tiempo, yo no tuve ninguna motivación para intentar en la clase. Yo era tranquila y no quería jugar con los otros niños porque me sentía más vieja de lo que ellos eran y ellos lo sabían. Ellos no querían jugar "con la niña de cuarto grado muda." Realmente no quería decepcionar a mis padres, pero fue súper difícil para mí encontrar cualquier verdadera razón de seguir tratando de hacerme una mejor estudiante. Me puse a pensar que si yo estaba en un grado que no era "el mío" no me sería posible tener más a mis amigos, y no haría nuevos. Un día, mi profesora me encaró sobre mis grados. Ella me preguntó por qué yo no intentaba en la clase o ponía cualquier esfuerzo en mi tarea. Adivino que ella podría decir que fui desalentada por haber reprobado el año. Entonces ella me dijo el mejor consejo que he escuchado alguna vez en mi vida. Ella me dijo, "no puedo forzarte a hacer mejor. Nadie puede obligarte a hacer el trabajo para tener éxito. Todo el trabajo tiene que venir desde dentro de ti; dentro de tu corazón. Tú tomas las decisiones que te conducirán a lo que tú quieras ser y a quién tú no quieras ser, nadie más."

Ese día, cuando caminé de la escuela a la casa pensé en lo que mi profesora me había dicho. Me sentí decepcionada. No sólo había defraudado a mi familia y a mi profesora, pero me había defraudado a mí misma. No me di la posibilidad para crecer y aprovechar la situación en la que yo estaba. Yo acabé rindiéndome, y eso no era quien yo era. En la clase de baile cuando yo acababa de aprender una nueva técnica yo practicaba y practicaba hasta que yo pudiera bailar la técnica perfectamente. Incluso si la técnica era difícil, yo pedía la ayuda e intentaba arduamente hasta perfeccionarla.

Ese día me hice una promesa: que yo nunca me rendiría cuando las cosas se pusieran difíciles. Yo iba a tomar las decisiones de ser la persona acertada que yo sabía que yo podría ser. Hacía preguntas cuando tenía la necesidad de ayuda. Hasta les pedí a mis padres si yo pudiera conseguir a un tutor para ayudarme con mi trabajo escolar. Cuando los tiempos se hicieron difíciles, yo pensaba sólo en lo que mi profesora de tercer grado, mi segunda profesora, me había dicho y yo sabía que tenía que perseverar. Trabajé mucho para finalmente entenderlo, y cuando finalmente me gradué de la escuela secundaria, me gradué entre lo más altos de mi clase.

Actualmente soy una alumna de segundo año en un colegio donde estudio bioingeniería o ingeniería biológica con una intención premédica. Espero hacerme un doctora porque esto fue algo que yo siempre quise ser desde niña, sólo que nunca estuve segura que yo podría conseguir mi objetivo por haber reprobado un año en la escuela. Ahora sé que puedo hacer algo que ponga en mi mente, y también que no estoy lejos de ser inteligente.

86. EL MOMENTO DE LA VERDAD

Cuando yo era niña, mi padre falleció. Él se encontraba en México en un viaje de negocios cuando murió de un ataque cardiaco. Entonces no entendí completamente lo que había pasado. Mi madre me había dicho que él iba a estar lejos durante mucho tiempo y que yo no debería esperar a que él volviera. Recuerdo que preguntaba si él me amaba o no y que tal vez, si yo rezara, él volvería pronto.

Cuando crecí, comencé a preguntar si él volvería. Me convencí que él nunca iba a regresar y que él había encontrado a otra familia. Yo estaba enojada con mi padre por no tomarse la molestia de escribirme ni una sola carta, ni siquiera en mi cumpleaños. Unas semanas antes de mi 13avo cumpleaños, mi madre me sentó y me dijo la verdad sobre mi padre. Me acuerdo que lloré durante días. Yo estaba furiosa con mi madre. Ella me había mentido durante años y yo no estaba segura si yo podría confiar en lo que ella me dijera. Le lloré a mi padre cada día después de esto. Yo estaba enojada con Dios por llevárselo de mí a una edad tan joven. De igual manera me sentía con mi mamá por haberme mentido por todos estos años. Sobre todo yo estaba enojada conmigo misma por haberme enfadado con mi padre por algo que él nunca hizo. Me sentí culpable por pensar que él me había abandonado y le recé para conseguir su perdón.

Después de un tiempo, pude finalmente perdonar a mi madre. Me di cuenta que no tenía ninguna razón para luchar contra la única familia que me quedaba. Me di cuenta que mi madre sólo buscaba el momento ideal para decirme la verdad de modo que yo entendiera lo que había pasado. También finalmente me perdoné. Me di cuenta que yo no podía culparme por aquellos pensamientos. Era natural y ahora yo sólo podría pedirle perdón a mi padre y amarlo con la misma intensidad con la cual lo amé como niña. Aunque fuera difícil para mí, finalmente perseveré esta privación con la ayuda de mis amigos, el amor que mi madre me daba, y con la ayuda de Dios. Llené el espacio vacío en mi corazón con el amor de mis amigos y familia y con el amor que yo sabía que mi padre me tenía.

La muerte de mi padre me hizo querer dedicarme a una carrera en medicina. Trabajé mucho en la escuela secundaria para graduarme entre el 2% más alto de mi generación. Conseguí una beca completa de un programa llamado Quest Bridge a la Universidad de Chicago donde estoy estudiando la bioquímica con una intención pre-medica. Todavía guardo a mi padre en mis rezos. Él es mi motivación e inspiración para hacerme una doctora y si su espíritu no estuviera conmigo, yo no sería la persona que ahora soy.

87. LA BICICLETA

Tenía seis años en aquel momento. Andaba en una tienda y vi la mejor bicicleta del mundo entero. Era una bicicleta azul y negra, de montaña. Yo la deseaba más que nada. Después de mucha insistencia y ruego hacia mis padres, me la compraron. Todavía no sabía andar en bici, pero había visto muchas veces a mi hermano montar la suya, por lo que yo pensaba "¡Eso es fácil"! Un día, mi hermano y yo subimos con nuestras bicicletas a la colina más alta en Bartlett. Estaba súper emocionado porque iba a andar en bicicleta por primera vez. Me monté y comencé a darle a los pedales. Fue cosa de segundos antes de que me fuera bien rápido, por lo que empecé a perder el control. Traté de parar pero los frenos no fueron lo suficientemente fuertes para pararme. Perdí totalmente el control, la bici me llevaba a done ella quería, desviándose por todas partes. Entonces, vi un choque adelante y me asusté mucho. No me quería estrellar contra ninguno de los autos que obstaculizaban mi camino. La bicicleta, y no yo, le sacó la vuelta, pero también le ganó la inercia y fui a parar hasta el suelo después de rebotar contra una barra de concreto. Me golpeé la cabeza en el suelo. Como casi todo niño que quiere sentirse grande, no llevaba casco. Sentí calientito en el cuello. Tenía una herida en la cabeza. También me hice muchas cortadas en mis brazos, sangraba por todas partes. Además estaba muy mareado, todo se veía nublado. Aún así alcancé a ver y oír que mi hermano me hablaba muy asustado. Me recogió y me llevó lo más pronto que pudo a la casa, con mi madre. Llamaron al 911, y la ambulancia me vino a recoger. Había perdido tanta sangre que comencé a perder el sentido. Me pusieron una mascarilla de oxígeno, y eso me durmió. Mis padres me dijeron que estuve en el cuarto de emergencia por casi una hora. Cuando me llevaron con ellos tenía muchas puntadas en la cabeza, y en mis brazos, pero los doctores le dijeron que iba a estar bien. Ese día aprendía, a mi corta edad, una lección muy valiosa sobre la vida. No des nada por hecho, quiero decir, tener exceso de confianza como la tuve yo creyendo que podría hacer lo mismo que mi hermano. Tengo que saber andar a la segura, pues sólo se tiene una vida.

Cada vez que reflexiono sobre el accidente caigo en cuenta que tengo que enfocarme en las cosas importantes, porque en cualquier momento todo puede terminar. Es por eso que trabajé duramente en la escuela, para tener yo el control de mi vida y no que las cosas de la vida me controlen a mí. Mi hermano no fue al colegio. Después de la prepa afortunadamente consiguió trabajo con mi padre. Mi prima María tuvo que casarse, y convertirse muy joven en una ama de casa. Ambos eran muy listos, y tenían un gran porvenir, pero su vida giró llevándolos lejos de la imagen grande que tenían ellos de su destino. Yo por mi parte me propuse ser la primera persona en mi familia mexicana en ir a la universidad. Un efecto positivo de mi esfuerzo fue el que mi nombre apareciera entre el diez por ciento más alto en los estudiantes de mi generación.

Actualmente asisto a la Universidad de Michigan para especializarme en biología. Ese primer día con mi bicicleta, el accidente y las puntadas fueron una bendición disfrazada. Me mostró que tengo que concentrarme en mis objetivos, no acelerar las cosas y no permitir el desorden, porque nunca se sabe lo que sucederá después.

88. MI ABUELA

Mi familia es mi vida. No sé dónde estaría sin el amor y sin el apoyo de mi madre, mi padre y mi hermana. Creo que sentí su adoración desde que nací en Alexian Brothers de Arlington Heights. Además de ellos, mi abuela nos mostraba el amor hacia todos a través de sus deliciosos platillos mexicanos. ¡"Súper sabrosos"! Pero tristemente un día la vida de mi abuelita cambió, y con eso, también la de nosotros.

Era un día frío de noviembre. Yo estaba en un juego de basquetbol cuando le notificaron a mi familia que mi abuela se había caído. Mi hermana y mi mamá dejaron mi juego, mientras mi padre se esperó hasta que se terminara. Pusieron a mi abuela en la unidad de cuidados intensivos. No me permitieron verla esa noche. Sólo me quedé en la sala de espera con el miedo de perderla y me preguntaba "¿Por qué a mí?" Como mis padres trabajaban todo el día, yo pasaba mucho tiempo con mi abuela. Ella no sólo nos cuidaba, nos hacía y nos daba nuestras comidas favoritas cada vez que se las pedíamos. "Estaban muy buenas, me acuerdo y hasta me saboreo". También jugábamos cartas, y cuando el tiempo lo permitía caminábamos por largo rato y nadábamos en la piscina. ¡La vida con ella era tan perfecta!, y me preguntaba si la había perdido, si todo eso había llegado a su fin. Después de casi tres horas de espera, el médico vino hacia nosotros. Nos dijo que la abuela se pondría bien. Estaba tan feliz que comencé a llorar. "Muchas gracias por salvarla", oré, con la misma fe y fuerza que le había aprendido a ella. No podía controlar mis lágrimas. Adoro a mi abuela, y la quise aún más al verla tan cerca de morir.

A consecuencia de su caída mi abuela ahora usa irremediablemente una silla de ruedas. Hay muchas cosas que nosotros ya no podemos hacer juntos. Todo eso quedó para el recuerdo. Pero estoy agradecido que todavía está conmigo y la familia. Mi abuela sigue siendo una motivación extra para esforzarme en los deportes, especialmente en mi pasión por el béisbol.

He jugado béisbol la mayor parte de mi vida. Comencé a jugarlo desde antes del kindergarden, y subí rápidamente de infantil a AAA. Me transfirieron a un nivel en el que hay que viajar para enfrentar a muy buenos equipos. A causa de esto, desde niño empezó crecer en mí el sueño de ser un deportista profesional. En un año mi sueño estará muy cerca de materializarse. Busqué oportunidades en muchos colegios a través de la nación donde juegan torneos de béisbol en los veranos. Me ofrecieron jugar en varias de estas escuelas. Mi elección fue clara cuando visité la Universidad de Miami en Ohio. Era todo lo que deseaba en un colegio. La verdad es que no sabía nada de esta institución pero sus instalaciones y sobre todo sus entrenadores hicieron la gran diferencia en la forma de hablar conmigo. Ahora estaré ahí el próximo otoño combinando una beca atlética y una académica. Sí, mis sueños también se realizaron académicamente. Estoy en el dos por ciento más altos de mi clase. Estoy orgulloso al decir que trabajo duro en todo lo que hago. Y ahora me encanta ver el resultado.

Estoy feliz que puedo representar a mi comunidad y la herencia mexicana siendo capaz de vencer el golpe de mi abuela, de casi no ver a mis padres todo el día, y el ocupar muchas horas para practicar béisbol. Muchos maestros no se enteran de lo que pasa en tu vida fuera del salón de clases. A veces uno no pone atención pero no porque no quieras, simplemente que te gana el cansancio físico, o tu mente está en saber si la persona que tú quieres estará bien. Claro que eso no es excusa para fracasar. Al contrario, sacar lo bueno de lo malo, eso lo aprendí de mis padres y sobre todo de mi abuela. Logré pasar los obstáculos para encaminarme a la universidad con mis becas de atletismo y académicas. Con humildad puedo decir que los latinos somos una raza especial que puede triunfar en cualquier parte del mundo.

89. JESSE

¿Cuántos niños de once años conoces tú que les gusta la música clásica? Es algo raro, ¿verdad? Cuando yo tenía esa edad, me encantaban las obras maestras de Beethoven: la "Sonata Claro Luna" y "Para Elise". La primera vez que descubrí la música clásica, a la edad de cinco o seis años, decidí tratarla. Estaba mirando la televisión, cambiando los canales sin interés, cuando de repente escuché algo hermoso. El sonido de la flauta llegó por el aire hacia mi corazón. ¡Qué bonito! En ese momento, supe que tocaría flauta. Pero mis padres tenían sus dudas. Me dijeron:—"Jesse, no puedes tocar la flauta. Sólo tienes cinco años!" Mi relación con la música tenía que esperar.

Pasaron eternos y largos años. Mas yo seguía escuchando la música clásica, de la flauta o del piano. Tan lento el tiempo, ¡pero tan buena la música! Tenía una hambre que no se podía satisfacer. Mi padre me dijo que mi obsesión era bastante extraña, pero mi madre y él empezaron a entender mi profundo deseo. Fue así, que finalmente, cuando estaba en el sexto grado, me dieron mi propia flauta para tocar. Nunca has visto algo tan bonito. Su cuerpo largo y plateado me embelesó. Todavía toco esa flauta, y la he practicado dos veces al día desde entonces. Para crear música buena con un instrumento, se necesita trabajar duro y tener paciencia. Yo siempre digo, "entre más esfuerzo, más recompensa".

Una vez llevé mi flauta a un viaje en nuestra visita a mi familia en México. Mis padres, mi hermana y yo fuimos a un pueblo pequeño que se llama Allende, Coahuila, donde vive la familia de mi madre. Yo estaba feliz de mostrarles mi música. Recuerdo que a la persona a quien más le gustó mi música fue a mi querido abuelo. Se quedaba por un largo rato, en silencio, escuchando. Quizás el sonido le causaba sentimientos en el fondo del alma como a mí.

Recientemente, tuve una experiencia que me dio mucha inspiración. En la actualidad estoy estudiando en el colegio comunitario de Elgin para ser músico. Para tarea de una clase de la apreciación de la música, tenía que ir a un concierto. Le pregunté a mi profesor de flauta que si podía darme boletos para un concierto de su orquesta, la Orquesta Sinfónica de Elgin. Él era miembro de un grupo de músicos latinos, Los romeros, y consiguió los boletos. Me sorprendió que Los romeros tuvieran a un músico de la flauta que fuera un hombre hispano, ¡como yo! No hay muchos hombres que tocan la flauta, y un hombre hispano es más raro. Pienso que aquel músico tendría casi cincuenta años. Reflexioné un momento. "Yo puedo ser ese hombre, y así quiero que sea. Yo sé que lo lograré." Las cosas que motivan a un chico sobresalir en la escuela pueden ser muchas y a la vez ninguna. Alguna de ellas puede servir para lograr que un estudiante tome en serio su educación. Yo encontré mi inspiración en la música. Mi deseo es que todos encuentren su razón para sobresalir.

90. CONNIE

El camino para ser enfermera ha sido muy difícil. Pero voy a ver realizado ese reto. He querido trabajar en el ramo de la medicina durante mucho tiempo, y por muchas razones. Una razón importante es que, en los Estados Unidos, hay una gran necesidad de enfermeras bilingües como yo. Los pacientes hispanos con los que he trabajado sólo han querido hablar con alguien en su propia lengua. Esos pacientes estuvieron tan agradecidos por la conversación que el trabajo no me parecía como un pesado quehacer. Pero como asistente de enfermera, también he trabajado con personas difíciles, las que me hicieron dudar y causaron que dudara sobre seguir esta vocación.

El cuento que sigue es sobre uno de ellos, un momento en la vida en que casi perdí la confianza. En esos días estaba trabajando de las tres de la tarde a las once de la noche como asistente de enfermera, y tenía además un trabajo de medio tiempo. ¡Y también estaba estudiando en el Colegio Comunitario de Elgin! Siempre he sido una buena estudiante. Me gradué de la secundaria dentro del diez por ciento superior de la clase del 2008. Pero después de la "high school" traté de hacer muchas cosas. Es por eso que tenía mucho estrés. La situación empeoró después del encuentro con la mujer más agravante que haya encontrado en toda mi vida. No recuerdo su nombre. Ella era tan gorda que no podía caminar. Yo necesitaba hacer todo para ella. Ese día ella quería una hamburguesa. Bueno, pues, caminé a la cafetería para pedir su dichosa hamburguesa, pero no tenían. Regresé con la mujer y le dije que no había, y le pregunté de qué otra comida le gustaría. ¿Y qué me dijo? Ella insistió en comer una hamburguesa. No lo podía creer, pero en fin, caminé otra vez hacia la cafetería. Los trabajadores fueron muy amables y le hicieron la hamburguesa que les pedí. Sin embargo, aún después de todo eso, ella no la aceptó porque le faltaba lechuga y tomate. ¡Qué frustrada me sentí! Una vez más, regresé a la cafetería. Los cocineros

196

cortaron vegetales frescos para la hamburguesa. Entonces ya la comida era perfecta. Yo por mi parte estaba cansada y también con mucha hambre. Para cuando llegué con su bendita hamburguesa, se la ofrecí con una sonrisa, y ella, . . . ¡no se la quiso comer! Yo prácticamente me caí al piso. Cuanto terminé mi trabajo, me fui a mi cuarto y lloré. Pensé que definitivamente no podría continuar. Al día siguiente, dejé mi trabajo en el hospital.

Sentí vergüenza. Mis padres me hicieron ver que no podía controlar el estrés. Ellos son los mejores ejemplos de trabajadores duros quienes yo conozco. Mi padre, quien nació en Jalisco, se vino a los Estados Unidos cuando sólo tenía catorce años para trabajar y enviar dinero a sus padres. Mi madre y él empezaron una familia en este lado porque consideran que en este país se dan muy bien las oportunidades para quien trabaja duro. Yo resolví volver al camino del éxito. Ya sin un segundo trabajo, me enfoqué más en mis estudios. Es por eso que fui aceptada recientemente en la Northern Illinois Univesity. Voy a estudiar para ser enfermera, sí, enfermera, pero esta vez no voy a dejar la carrera. Voy a demostrar mi determinación a mis padres, a mi gente, y si nos reunimos otra vez, a la mujer de la hamburguesa.

91. CHRISTOPHER

La familia ideal es un concepto muy importante en la cultura hispana. De acuerdo a la tradición, el papel de la madre es enseñar a los hijos a amar y respetar, y el papel del padre es enseñarlos a trabajar y a ser fuertes. Para mi hermano y para mí, la situación es diferente. Pero a pesar que no tenemos la "familia ideal" vamos a tener éxito.

Me llamo Chris, y cuando estaba en cuarto grado, mis padres se divorciaron. Estaba inconsolable, y la cosa peor es que recuerdo que personas a mi alrededor empezaban a chismear. "Él no va a crecer bien sin un padre", decían. Ellos sabían qué tan difícil es para un hombre joven, salvadoreño, tener un patrimonio, sin haber un modelo masculino. Pero subestimaron a mi querida madre.

Ella se casó con mi padre aquí, también de El Salvador, en los Estados Unidos. He visitado ese país algunas veces desde hace tres años.

Cada día, trato de ser como mi madre, y hacerla sentir orgullosa. Ha sido madre y padre en nuestra familia. Nunca ha revelado debilidad. Ella ha trabajado en construcción, como conductor de camiones. Después de su difícil trabajo, mi mamá jugaba con mi hermano y conmigo. Nos enseñaba sobre el lado duro y el lado emocional de la vida. Una vez, ella me dijo: "No querrías hacer esto por toda tu vida". ¡Obtén una buena educación!" Yo la escuché.

Por eso es que siempre he sido un buen estudiante. Con mis clases de honor y "A.P." (advanced placement), yo demuestro mi determinación de superar el obstáculo que generó dudas a los "chismosos". Es verdad que una familia con padre y madre es importante, pero mi madre es tan fuerte como dos padres. Tengo un primo que tiene a ambos padres, pero está en la cárcel a causa de sus problemas de drogas. Yo necesito continuar en el buen camino para mí, mi madre, y mi hermano.

Mi hermanito tiene diez años. Él no tiene memorias de nuestro padre, y por eso, soy su modelo masculino. Él es muy inteligente, un genio, y va a tener éxito en el colegio como yo. Tengo que ser un buen hermano mayor y poner el ejemplo, y por lo pronto voy a estudiar el próximo semestre en Northern Illinois University. Quiero convertirme en un ingeniero.

La fuerza de carácter personal no es sólo de uno mismo. La familia, los amigos, . . . las personas con quien pasa uno el tiempo, todo influye. Mi éxito hasta el momento de mi vida es gracias a toda esa gente, empezando por mi madre.

92. MARIBEL

Recuerdo muy poco de mi infancia pero sé que fue una típica de muchos muchachos mexicanos que se vienen a este país desde muy pequeños. Mi mamá me trajo para acá a los cuatro años de edad. Sólo ella y yo nos venimos en ese entonces ya que mi papá y uno de mis hermanos mayores ya estaban acá. Fue difícil para mi mamá dejar a mis otros dos hermanos allá en México pero lo hizo por nuestro bien. Cruzar la frontera no fue fácil para nosotras, ya que no teníamos documentación legal para hacerlo así que tuvimos que venirnos por el desierto. Mi mamá me cuenta que yo era muy pequeña y que gracias a Dios no tuvimos que caminar mucho ya que de alguna manera llegamos aquí a Chicago en avión una vez entrado a los Estados Unidos. Tengo 22 años de edad ahorita, así que ya hace mucho tiempo que pasó esto y casi no recuerdo nada.

Cuando llegamos aquí mi mamá me puso en la escuela tan pronto que cumplí la edad de los 6 años. Desde el primer grado hasta cuarto grado yo estuve en el programa bilingüe ya que mis padres no me habían enseñado a hablar inglés en casa. Pero recuerdo que cuando entré al primer grado, el simple hecho de escribir se me dificultaba un poco porque cuando tenía 5 años me caí de la bicicleta y me fracturé gravemente el codo. Tanto era el dolor que por mucho tiempo no podía ni mover mi brazo con facilidad. El dolor era tanto que hasta me afectó la mano, así que mi mamá hasta llegó a pensar que no podría escribir cuando entrara a la escuela. Pero gracias a Dios no fue así. Me fui recuperando con el tiempo y entré al primer grado muy entusiasmada de aprender nuevas cosas. Yo no dejé que una mano fracturada me detuviera mi ansia de saber y saber más. Ya de grande yo le echaba la culpa a mi mano fracturada por mi mala ortografía, pero esa excusa ya no era válida según mis padres y maestros.

Seguí estudiando y a la edad de los 14 años yo ya trabajaba media jornada en un puesto vendiendo celulares en un centro comercial. Trabajé ahí hasta apenas el año pasado manteniéndome sólo los fines de semana. A los 16, quería aprender a manejar pero mi padre se oponía y decía que no estaba preparada, así que me rebelé un poco y le dije "contigo o sin ti lo haré". Sólo me importaba tener el apoyo de mi mamá. Con la ayuda de algunos amigos aprendí a manejar y al poco tiempo con mis ahorros le compré el carro a mi hermana. Ya para entonces mi situación legal se había arreglado así que no dudé en sacar mi licencia. Esta disputa que tuve con mi papá me distanció mucho de él, ya la comunicación entre él y yo no era buena. Me afectó un poco durante mi adolescencia. Hasta la fecha la situación sigue igual pero ya me acostumbré y no me afecta más.

A mí me gustaba la independencia y un poco el dinero así que a los 17 empecé a trabajar en otro trabajo de recepcionista en una oficina de dentista a la misma vez que trabajaba los fines de semana en la tienda. Seguí estudiando hasta graduarme de la preparatoria en el año 2006. Decidí asistir al colegió de Harper en seguida que me gradué, ya que yo tenía dinero ahorrado de todo lo que ya había trabajado. Trabajar en el dentista me ayudó bastante a escoger mi carrera, así que escogí estudiar para higienista dental. Actualmente estoy estudiando en Harper College y ya llevo 4 años, sólo asisto medio tiempo por que desafortunadamente tengo que seguir trabajando en el dentista para poder pagar mis estudios. Ya nada más me falta un año para graduarme de ahí, y estoy muy contenta de eso ya que he trabajado bastante para llegar a donde estoy ahora. Cuando uno se propone las cosas y se fija una meta todo es posible y se puede cumplir. Hay veces que los jóvenes les echamos la culpa a nuestros padres de nuestros fracasos, pero cada quien escoge cómo y qué hacer de su vida. Por eso hay que aprender lo bueno de ellos y de la vida.

93. ENRIQUE

Todos los días lo mismo de siempre, los mismos estudiantes y casi siempre los mismos problemas. Mi vida es así es desde hace dos años. No me puedo quejar pues lidiar con estos estudiantes es mi trabajo ya que soy un decano en una preparatoria.

Nací en un hogar muy bonito el cual incluía a mi hermana mayor y a mis padres. Crecí en la bonita ciudad de Miami. Mis padres, que por cierto son cubanos, siempre me enseñaron que la educación era muy importante así que me pusieron en una escuela católica privada durante mis años escolares hasta el grado doce. Recuerdo que ahí nos disciplinaban a su manera y eran muy estrictos. Una vez me pegaron con una tablita por no traer la camisa metida en el pantalón, y de ahí no la volví a traer por fuera del pantalón. Esa disciplina era normal en aquella escuela pero a mí no me gustaba. Lamentablemente no todo fue de color de rosa durante mi adolescencia.

Cuando yo tenía 14 años, ya listo para empezar la preparatoria, mis padres se divorciaron. Esto fue un golpe muy duro para mí, ya que teníamos una muy bonita relación familiar. A consecuencia de esto, mis calificaciones bajaron mucho y académicamente estaba por los suelos. No sólo me afectó académica sino también emocionalmente ya que estuve en depresión por muchos días. Lo bueno fue que no dejé de comunicarme con mi papá, nos seguíamos viendo seguido aunque yo viviera con mi mamá. Cuando tenía como 16 años recuerdo un día de camino a casa con mi papá en el carro, que de pronto sentí un golpe muy fuerte en mi brazo derecho que hasta me hizo mover el volante muy drásticamente que casi nos estampábamos. Por fortuna no nos pasó nada grave, pero sí me molesté muchísimo cuando me pegó. La razón por la que él lo hizo fue porque yo tenía muy malas calificaciones y según él hasta era una vergüenza para su apellido. Ese día tuvimos una plática muy seria de hombre a hombre y le dije: "si vas a hablar conmigo hazlo como un hombre y trátame como a un hombre también." Al parecer mis palabras fueron profundas ya que desde ese día en adelante nuestra relación de padre a hijo fue muy estrecha, bonita y fuerte. Ya calmada la situación, ese día sus palabras de encomio muy bonitas me pusieron a reflexionar sobre muchas cosas. Me dejó saber que yo valía mucho y que me tenía que "poner las pilas" para ser alguien en el futuro. Agregó que también tenía que tener paciencia ya que las cosas buenas me iban a llegar a su debido tiempo. Me dijo que yo tenía grandes cualidades, las cuales yo no podía desperdiciar. Él esperaba que yo me graduara y así lograr hacerlo orgulloso.

Así fue, me recuperé de esa depresión, logré establecer una estrecha relación con mi papá y siempre tuve el apoyo de mis padres para hacer lo que yo creía sería lo mejor para mí. Me gradué de la preparatoria en el 97' y me mudé de estado para asistir al colegio con una beca que me habían otorgado. Al mismo tiempo que estudiaba en el colegio también trabajaba de plomero de tiempo completo por las tardes. Ese trabajo era muy agotador, me cansaba mucho y no me gustaba tanto. Esto me motivó a seguir estudiando más en otra universidad para obtener mi maestría en educación bilingüe. Así que yo solito me animé y dije: "voy a dejar la plomería", en la cual yo ya llevaba 7 años, "para obtener un trabajo menos agotador y mejor pagado" y así lo hice.

Trabajé de maestro bilingüe un tiempo por 4 años, pero después me dieron ganas de trabajar de algo más donde el español que había aprendido y las ganas que yo tenía de ayudar a más jóvenes se necesitaran. Entonces decidí regresar a la universidad y obtener mi otra maestría en administración. Hoy en día tras luchar contra algunos obstáculos de la vida, soy el único decano bilingüe en la preparatoria donde trabajo y me encargo de ayudar especialmente a los estudiantes latinos con sus problemas. No niego que mi trabajo es difícil y hay veces que hasta es un poco estresante pero me gusta lo que hago. Me siento muy satisfecho de haber estudiado tantos años incluyendo esos de educación superior, ya que sin ellos no estaría aquí en donde estoy ahora.

Tengo una hermosa familia que incluye a mi niño pequeño de un año y medio y a otro en camino. Yo quiero que ellos tengan lo mejor y que se sientan orgullosos de su papá, así como yo me sentía del mío y así como mi papá se siente orgulloso de mí. Cuando uno se pone metas, uno las puede alcanzar si se lo propone. No es fácil pero sí son muy alcanzables las metas que uno se proponga. Mi juventud no fue fácil pero a pesar de eso me superé y con mucho orgullo puedo decir que estoy satisfecho con lo que he logrado hasta el día de hoy como latino que soy. Como dijo mi papá: "no te desesperes, las cosas buenas llegan a su debido tiempo" palabras muy ciertas en mi caso.

94. GOLPES DE LA VIDA

Era el primer miércoles del mes de abril del año 1992 cuando mamá me dio a luz. Desde ese entonces, siempre he vivido aquí en Elgin. Aquí nací y hasta el día de hoy me he criado en esta bella ciudad. Mis padres son mexicanos. Ellos vivieron su juventud allá, y cuentan que la vida de jóvenes no fue nada fácil para ellos. Al contarme varias anécdotas, me quedé muy sorprendida y agradecida que yo no tuve que pasar por lo que ellos pasaron. Cuando me cuentan sus historias, me quedo impactada, ya que verlos ahora y pensar que vinieron de una juventud muy difícil se me hace casi imposible de creer. Por eso estoy orgullosa de ellos.

No sólo ellos tienen historias interesantes de su niñez. Recuerdo cuando estaba en sexto grado de primaria formaba parte del equipo de baloncesto con mis amiguitas. Yo siempre he sido alta, por eso me escogieron para jugar en el equipo. Una tarde tuvimos un juego contra otra escuela. Las niñas del otro equipo estaban bien altas y grandotas comparadas con nosotras, incluyéndome a mí. Una de ellas, sin saberlo, me pegó muy fuerte con la pelota en la cara. Me abrió el labio. Me dolió mucho y empecé a llorar cuando vi que me salía sangre. Afortunadamente no fue grave, sólo se me hincharon mucho los labios, tanto que mi mamá me llamó "pato" por unos días. A ella le parecía chistosa la manera en que se me veían mis labios, pero a mí no, durante los cuatro o cinco días que me duraron así. Aprendí varias cosas con ese golpe en el labio. Aprendí que no todo es fácil. Para poder ganar hay que saber aguantarse el dolor o lo que sea, con tal de ganar. También aprendí que practicar un deporte requiere bastante esfuerzo y dedicación pero que no por eso siempre se va a ganar. No se merece ganar, simplemente hay que buscar ganar. Me di cuenta de que no aguantaba nada, que era en cierta forma delicada, y que ese deporte no era el mejor para mí. Así que desde ese día y hasta la fecha, por miedo a que me pase algo similar o más grave, no he practicado ningún deporte. Más bien me he dedicado a estudiar muy duro para triunfar en la vida con los obstáculos que se me pongan.

Actualmente estoy en mi último año de la preparatoria y muy orgullosamente puedo decir que soy una estudiante de honores. Soy una persona luchona y aferrada a lo que quiero. Cuando me propongo algo lucho y lucho hasta lograrlo. Cuando no es así, por lo menos me quedo con la satisfacción que lo intenté y estuve cerca. Sé dividir el tiempo de estudiar con el tiempo de diversión. "Hacer las cosas a medias es para mediocres". Ya muy pronto, en sólo unos días, me estaré graduando con honores de mi escuela. Yo me propuse esta meta y ya casi la logro.

El pequeño incidente que tuve en sexto grado me enseñó que no podía ser buena en todo, que había algo esperándome, y que definitivamente no era el baloncesto. Gracias al apoyo de mis padres, y si Dios quiere, en agosto empezaré la universidad en Aurora y estudiaré leyes. Sin un ejemplo concreto de nadie estoy donde estoy gracias al empuje que mis padres me dieron. Ahora quiero ponerles el ejemplo a mis hermanitos, que sepan que para lograr lo que uno quiere nunca es fácil pero NUNCA es imposible. No importan los obstáculos a los que uno se tenga que enfrentar, sino la fuerza interior que te hará pasarlos.

95. BUEN JUICIO

Un instante puede cambiar la vida completamente. Ese día cambió todo. Nunca hubiera dicho que quedaría embarazada a los diecisiete años. Pasó. No puedo cambiar los errores del pasado. Sólo puedo seguir adelante. Uso mis obstáculos para aprender más del mundo y de mi propósito.

A los diecisiete años, tenía todo el mundo en las manos. Tenía becas para estudiar en un colegio bueno, tenía amigos, y tenía un novio que tenía seis años más que yo. No me importaban las vidas de otros. Hacía lo que yo quería y no me preocupaba porque no estaba golpeando a nadie con mis acciones. Un día me di cuenta que todas las acciones tienen consecuencias. Ese día, me enteré que estaba embarazada. Era uno de los errores más grande que yo había cometido en mi vida. Recuerdo el día que hablé con mis padres sobre mi embarazo. Estuve temblando el día entero. Practiqué en mi espejo antes de hablar con ellos pero no me ayudó. Vi el cambio en los ojos de mi madre cuando le dije lo que yo hice. Vi romper su corazón. Vi la confianza y respeto que había ganado en mis diecisiete años de vida desaparecer. Vi la gran tristeza. Hablar con mi padre fue todavía peor. Tuve tanto miedo que no me pude levantar del sillón en la sala. Mi padre siempre me miraba con tanta confianza. Ahora no me miraba, simplemente lloró.

Los meses en preparación para el nacimiento pasaron rápidamente y lentamente a la misma vez. La gente no me veía como antes. No era la niña que cuidaba a los niños en el vecindario todos los sábados. No era la muchacha que era número seis en toda la escuela. Ahora me miraban como una muchacha sucia. Yo también me veía así. No me sentí preparada pero me sentí culpable. Me convencí que todo estuviera bien después del embarazo. El padre del bebé me ayudaría. Nosotros nos amábamos uno al otro. Si el buen juicio existiera, todavía pude tener la vida perfecta. Muchos meses pasaron y esto continuó hasta que mi hija nació.

Después del nacimiento de mi hija, mi lucha no era con el juicio sino con la dificultad de ser una madre. Tenía que levantarme dos y tres veces cada noche. Muchas noches quería gritar y dejar mi vida. Tuve que trabajar para pagar para las cosas necesarias. Pasaba mi tiempo libre estudiando para la escuela. Los días se sentían como un día largo. Siempre estaba trabajando, estudiando, o cuidando la bebé. El padre no quería ser parte de la vida de su bebé y eso puso más responsabilidad encima de mí. Las muchachas deben esperar hasta que están casadas. Cuando alguien está casado tiene el apoyo de un esposo o esposa. Tienen dos ingresos y dos padres para los hijos. Yo no tuve eso y pasé muchos malos tiempos por muchos años.

Después de los primeros años de ser madre, completé mi licenciatura para ser una maestra. Ahora trabajo en un colegio y enseño cosas que tienes que saber para empezar un negocio. La vida estuvo difícil y siempre va a ser pero hay cosas que nosotros hacemos que podemos prevenir. Hay tristezas y dificultades que no hubieran existido si yo no hubiera cometido mi error de quedarme embarazada a una edad temprana. Estoy contenta porque pude tener mi hija sin complicaciones. Pude cuidar a mi hija y no tuve que depender del gobierno o trabajar todo el tiempo. Tengo padres que me ayudaron aunque no apoyaron mi decisión de ir al colegio después de que mi hija naciera. Pude hacer mi carrera y ahora puedo ayudar a muchachas en situaciones similares.

96. POR MI PADRE

Recuerdo el grito que vino del cuarto. Era un ruido tan triste, tan inmenso. Me sorprendió. Me recuerdo perdiendo todas mis fuerzas. Mi madre confiaba mucho en Dios. Para mí era mucho más difícil aceptar las cosas que estaban pasando. Nunca olvidaré el ruido que hice el día en que mi padre se murió.

Todos los días íbamos al hospital. Nos levantábamos temprano para poder pasar más tiempo con mi padre. Él tuvo un ataque al corazón una semana después de la graduación de preparatoria de mi hermana. Cuando pasó, yo no sabía qué era exactamente un ataque al corazón. Mi padre vivió su vida con la diabetes desde que era un niño chiquito. Tuvo muchas complicaciones que resultaron de la diabetes incluyendo la pérdida de la vista y la función de sus riñones, múltiples infecciones y algunos problemas de su corazón. Ese día creía que era un bajón de azúcar que pasa frecuentemente con la diabetes. No era tan sencillo. Estaba solo con él porque mi madre estaba trabajando. Lo encontré en el piso de la cocina. Cuando chequé su azúcar estaba normal. Me preocupé y llamé a mi hermano y más tarde a la ambulancia. Mi vida cambió ese día. El hospital tenía un olor que me asustaba. Tenía un olor a tristeza. Recuerdo la primera semana en la unidad de cuidados intensivos. Había una mujer que había tenido muchas complicaciones después del parto. Se murió. Su familia estaba en el mismo cuarto de espera que nosotros cuando recibieron la noticia. La madre gritó y el esposo cayó al suelo. Algo tan puro y feliz como dar luz a un ser se cambió a algo tremendamente triste. Me dieron muchas ganas de llorar sabiendo que un día muy cercano sería mi padre el que muriera.

Ver a mi padre era la parte más difícil de la experiencia. Había muchas máquinas en su cuarto y no podía hablar con nosotros. Tenía un tubo en su boca. Veíamos televisión con él y hablábamos sobre lo que estaba pasando en nuestra vida y el mundo. Mi tío vino con su esposa e hijo y mis abuelos vinieron también. Hablar con ellos y recordar tiempos cómicos de mi papá ayudó. Al cabo de unas semanas, ellos tuvieron que regresar a sus vidas. Mi madre era fuerte pero yo me sentía sola. En el julio siguiente, después de muchos cambios en su salud, mi padre murió. Ver su cuerpo inerte, sin espíritu, me sorprendió. No lo podía creer. Oír las palabras que lo confirmaban me consumó. Ese grito era toda la tristeza. Todos los tiempos buenos y malos, y todo el amor quedaron envueltos en él.

Todo esto pasó casi dos años atrás. No quise dejar que la muerte de mi padre me impidiera ser la persona que puedo ser. Mi padre quería que yo me graduara y que fuera a la universidad. Hoy voy a hacer esto sin problemas. Trabajé duro. Lo hice por él. Voy a continuar haciéndolo por él. Nunca le fallé, y nunca quiero fallarle.

97. Un mejor futuro

Mis padres siempre nos platicaban de lo lindo y hermoso que es vivir una vida de rancho, como les tocó a ellos en Guerrero. Despertar todas las mañanas con el canto de los gallos. Llevar a los animales al río, ordeñar vacas. En ese pueblo todo era bonito, tanto que nunca lo hubieran querido dejar. Pero hay un punto en la vida en que se tiene que dejar todo ese presente, para tener un mejor futuro. Mis padres decidieron venirse a los Estados Unidos. Aquí fue donde empezó mi vida.

En mis primeros años sufrí dos problemas muy grandes que me marcaron para toda la vida. Al principio de mi niñez, padecí una enfermedad muy rara, llamada meningitis. Esa enfermedad cubre todo lo que es el cerebro, y la espina dorsal. Este mal te puede dejar totalmente como un vegetal. Dios me hizo el milagro, y gracias a ÉL, aquí estoy. Poco después, fui internada de emergencia por una pulmonía muy fuerte. A causa de eso, perdí la mitad de mi pulmón derecho. El tiempo fue pasando y fui creciendo, sin que esas limitaciones me impidieran luchar por mis sueños.

Del kindergarden tengo memorias que parecen divertidas. Al principio se me hacía muy raro que nos pusieran a dormir en las alfombras de colores. Pero yo no me dormía pensando que me iba a quedar allí, que ya no me iría a casa. Cuando pasaba el tiempo de la siesta, y era hora de trabajar, casi no ponía atención. ¡Tenía sueño! Ya después fui entendiendo esa y otras cosas de la vida.

En el 2006 me gradué de Elgin High School. En este momento estoy estudiando en el Elgin Community College. Quiero convertirme en una de las mejores enfermeras. El próximo año, si Dios me lo permite, voy a obtener dos diplomas: uno es el Asociado en Artes y el otro es Asociado en Ciencias. Con estos dos diplomas voy a continuar mis estudios como enfermera en Northern Illinois University. Al terminar todos mis estudios, me convertiré en la única persona de toda mi familia en tener una carrera.

Tus éxitos van hacer la diferencia en el mundo, en tu país, en tu familia. Todos formamos una cadena. La jornada de la vida no siempre es fácil. Hay que renunciar a ciertas cosas hermosas y gratis como los amaneceres en un rancho, y enfrentar otras muy caras y dolorosas como una enfermedad. Hay muchas excusas para no estudiar, pero existen miles de razones para hacerlo. Es parte clave del éxito. El éxito requiere algunas veces de mucho esfuerzo, pero al final siempre valdrá la pena. Recuerda siempre luchar por lo que deseas.

98. ORGULLO

Mi abuelita fue una gran parte de mi vida desde el tiempo en que yo era un bebé. Estaba siempre allí para mí. Cocinaba, me compraba regalos, y estaba ahí para escucharme siempre que la necesitara. Todavía puedo recordar quedarme en casa durante el verano para jugar fuera y sentir el sol en la cara. Mi abuelita se sentaba en su dormitorio y miraba la televisión con un volumen tan alto que oía todo desde afuera. Había que gritarle la mayor parte del tiempo para que nos entendiera.

Mi abuelita no fue a la universidad. Sin embargo, fue una maestra de escuela primaria en su juventud. Estoy muy orgulloso de su trabajo porque fue la primera persona en su familia en llegar a tener una profesión. Siempre nos decía que estaba muy ansiosa en ver graduarse a sus nietos del colegio. Hablaba con inmenso orgullo de sus nietos a quien se le pusiera enfrente. Quería vernos lograr todos nuestros sueños.

Un día, mi abuelita se nos puso muy enferma. Se cayó en su casa, y no se levantó por un día entero. Cuando su vecino la encontró, llamó al hospital. Mientras mi abuela estuvo en el hospital, los médicos descubrieron que tenía leucemia. La leucemia es una enfermedad de la sangre. Mi abuelita estaba muy débil. No podría vivir sin otras personas en casa. Se movió con una tía mía tan pronto como dejó el hospital. Tristemente su condición empeoró al ya no estar en su propia casa. Su cuerpo, su espíritu, iba perdiendo toda fuerza. Ya no podía funcionar ni ser la misma. Volvió al hospital. Todo el personal trató de ayudarla. Pero su condición era demasiada mala como para ayudarla. Ella nos dejó a todos, para siempre, el 3 de octubre del 2009.

Mi abuelita no estará presente en mi graduación. No físicamente. Sé que ella me mirará desde los cielos. Espero que pueda continuar siendo uno de sus orgullos mientras esté yo en el colegio. Ella siempre quiso verme llegar a ser un veterinario. Y voy a hacer todo lo que puedo para asegurarme en llegar a mi meta. Asistiré a la Universidad de Illinois en el otoño. Estudiaré biología y ciencias animales. Ya no estudiaré sólo para mí mismo. Tendré presente a una abuela orgullosa.

99. MI VISIÓN

Mi familia no es una familia regular. Mis padres están separados. Vivo con mi madre durante la semana. Vivo con mi padre cada dos fines de semana. Tengo un medio hermano que tiene cinco años. Mis padres no hablan el uno con el otro a menos que estén en una casa diferente. Tener un hermano que sólo tiene cinco años es muy difícil. Mi casa nunca está callada. Tengo que cerrar la puerta de mi dormitorio para poder estudiar. No se habla o pelea con la misma confianza con un medio hermano. A causa de esto, es muy duro para mí conseguir buenas calificaciones.

Nadie en mi familia ha asistido a una universidad. Ninguna de las mujeres en mi familia se graduaron de la preparatoria. La mayor parte de las mujeres se quedan en casa para cuidar de los niños en la familia. Mi madre limpia casas como un modo de vida. Es difícil para ella trabajar y cuidar de mi hermanito.

Deseo más para mi propia vida. Siempre he soñado en ser una optometrista. Quizás porque mi vista no es la mejor. He llevado gafas desde que tenía siete años. Fue muy duro llevar lentes siendo niña. Siempre las perdía o las rompía cuando jugaba. Mi hermanito usa anteojos también. De hecho, muchas personas en mi familia usan gafas. Pienso que siendo una optometrista será un gran trabajo para mí porque conozco a tantas personas que llevan lentes. Será la alimentación, será la contaminación, serán tantas horas enfrente de computadoras, televisión o videojuegos, quién sabe. Pero yo quiero ayudar a esas personas en cualquier manera que pueda.

La carrera de optometría es muy dura. Toma muchos años para llegar a ser un optometrista. Y por el ruido constante en casa, es todavía más difícil estudiar y enfocarme en mi casa. Sin embargo, entiendo que mis grados deber ser casi perfectos si quiero llegar a ser una buen optometrista, en quien la gente pueda confiar. Habrá muchos otros estudiantes en mis clases buscando también ser optometristas. Ellos van a recibir mejores grados que yo si no estudio. Por eso tendré que esforzarme mucho para competir con ellos.

Me graduaré de Elgin High School en dos semanas. Seré la primera chica en mi familia en graduarme. Asistiré a la Universidad de Aurora en el otoño. Ese será mi primera escala en mi viaje colegial. Estoy muy enfocada y determinada a recibir buenos grados para llegar a realizar mi sueño de convertirme en una optometrista.

Sé que mis padres están muy orgullosos de mí. Ellos siempre quisieron ver a su hija graduarse de la preparatoria. Espero continuar haciéndoles sentir bien respecto a mí siendo una profesional. Ir a la universidad no sólo me hace feliz, lo haré para hacer a mis padres felices también. De eso se trata la vida, de que los hijos lleguen más lejos y vayan más alto que sus padres, ¿no?

100. HERENCIAS

Soy mitad mexicana y mitad polaca. Mi madre es polaca. Sus padres, mis abuelos, nacieron en Polonia. Crecieron cuando el mundo era lugar muy diferente. Son muy viejos ahora. La vida es muy tradicional en este país. Generalmente, los polacos se casan con personas de ahí mismo de Polonia. Es mucho más fácil que hacerlo con alguien de otro país. Mis abuelos no conocieron algo diferente. Estaban familiarizados con la cultura polaca como parte esencial de su forma de vida.

Cuando mi madre anunció que iba a casarse con mi padre, mis abuelos estaban muy enojados. Ellos no concordaron con la elección de mi madre. Pensaron que mi madre no podría estar contenta con un hombre que no supiera nada acerca de su cultura polaca. Sin embargo, mi padre había traído mucha felicidad a la vida de mi madre, por lo que ella decidió casarse con él contra viento y marea.

Cuando nací, dieciocho años atrás, mis abuelos no me aceptaban muy bien en la familia por ser mitad mexicana. Ellos parecían no amarme como al resto de sus nietos. Mis abuelos no venían a visitarme a menudo. No me compraron regalos como a los otros nietos. Incluso dejaron de hablar diariamente por teléfono para hacerlo sólo de vez en cuando. Yo sólo los veía en Pascua y Navidad. Aunque esto es muy triste de narrar, es la verdad.

Tan pronto como yo tuve siete años, comencé a darme cuenta que mis abuelos me trataban de forma diferente que a sus otros nietos. Me preguntaba por qué no me adoraban igual que a los demás. Fue años después cuando me dolió descubrir que mi herencia no era bien aceptada. ¡Discriminación dentro de la misma familia! Fueron momentos graves en mi vida.

Sé que algunas otras personas en la vida me rechazarán por mi cultura. También comprendo ahora que no hay nada que pueda hacer acerca de esto. Soy mitad mexicana y seré mitad mexicana por el resto de mi vida. He aprendido a no permitir que otras personas me desalienten con sus palabras o acciones basadas en mi raza. Tendré que vencer estos obstáculos y otros que se vayan presentando. Una gran manera de hacerlo es demostrar que puedo hacer algo positivo con mi vida, sin importar color o sabor de mi piel. Si mi herencia implica mayor esfuerzo para tener éxito, simplemente tendré que tratar más que los afortunados de raza blanca y europea.

Quiero asistir a la facultad de medicina en cuatro años. Será muy difícil recibir buenas notas. Habrá que estudiar mucho, pero esto también lo hará cualquier otro estudiante, sea mexicano o no. Quiero llegar a ser médico. Entonces le demostraré al mundo, y particularmente a mi familia, que la herencia, ni la mezcla de ellas, no es obstáculo alguno para ser una persona exitosa, sino todo lo contrario.

CPSIA information can be obtained at www.ICGtesting.com
Printed in the USA
LVOW132208190213

320734LV00001B/2/P